Une épine
dans le ventre mou

-Le cactus-

Toute ressemblance avec des faits et des
personnages existants ou ayant existés
serait purement fortuite et ne pourrait être
que le fruit d'une pure coïncidence...

Cette histoire est une fiction.

Une épine dans le ventre mou

Ma main parcourt le tissu rembourré de l'accotoir. La caresse du velours provoque un plaisir fugace. Sa couleur vert Hambourg et ses motifs royaux ne manquent pas de cachet. L'assise est confortable. L'armature est en hêtre massif et assure une solidité certaine. C'est de la bonne qualité. Normal, ce fauteuil est de fabrication française. Hormis le tissu, l'ensemble est doré jusqu'au piètement, lui conférant cet aspect royal. J'aurais préféré impérial.

Mais de quel empire parle-t-on maintenant ? Après la perte de toute notre influence en Afrique, nos propres territoires commencent à se désintéresser de la nation. Seule Mayotte n'échangerait sa protection pour rien au monde. Pour la commande de ce fauteuil clinquant, je n'en suis plus à une polémique près. Pour vous dire : ce sont les controverses qui m'ont amené sur le chemin du pouvoir. Alors je me devais de « marquer le coup ».

Un an plus tôt..., janvier 2024, perdu dans la foule..., un passant m'interpelle armé d'une caméra...

- Hé toi ! Pourquoi tu marches si vite ? Viens manifester avec nous, tu ne comprends pas que ton avenir se joue ici et maintenant ?

- Si la France est dans cet état c'est la faute de son peuple. Après le Siècle des Lumières voici celui des hypocrites. Elle ne sert à rien votre manifestation. La démocratie est illusoire dans ce pays et continuer d'aller voter, avec ou sans vous, cela ne va rien changer.

A mes dépens j'apprends la puissance que peut avoir internet quand on « fait le buzz ». Naïvement je n'ai pas anticipé la portée de mes paroles, dans ce climat chaotique et anxiogène dans lequel est plongée la République. Pour ma défense, cet influenceur très connu, je n'en avais jamais entendu parler !

Après une nuit à scruter les commentaires de cette vidéo intitulée « micro trottoir : manifestation majeure, avec les agriculteurs » où j'apparais :

« C'est bizzare quand c'est un blanc qui dit ce genre de truc, on c qu'il ne va pas être embetter »

« Celui-là, il croit avoir tout compris, barre toi de la France si tu n'aies pas content »

« Ingrat, il y a des gens qui sont morts pour que tu puisses allé voter ! »

« Aller encore un complotiste, il sré dans les dictature, il louvrirer moins ce connaaaarrrrrr »

Je me demande si je n'ai pas fait une grosse erreur en livrant le fond de ma pensée. D'ordinaire je suis de nature pudique et voilà que je deviens le centre de l'attention.

Je constate que la plupart des commentaires sont constructifs... Je ne sais pas comment l'égo en général réagit à des commentaires haineux, mais le mien en prend un coup.

Heureusement, internet est très éclectique, et beaucoup de ceux qui s'expriment vont dans mon sens. Je ne sais plus quoi penser et je finis par éteindre mon ordinateur cette nuit-là.

Les jours suivants, ce phénomène d'acharnement, d'incompréhension, continue et me poursuit jusque dans la rue. Les gens qui me reconnaissent sont plus respectueux et moins vaillants que derrière leur écran. Toutefois ils ne peuvent s'empêcher de me fixer du regard.

Devenu le sujet d'une vidéo virale, plusieurs média « mainstream » me sollicitent. Je suis invité à participer à une émission dans laquelle une bande d'amateurs discute de sujets qui font l'actualité. Hors de question pour moi d'aller me jeter en pâture pendant dix minutes à ces gens qui s'écoutent parler et ne cherchent qu'à faire monter l'audimat.

Cependant mon mutisme attise la curiosité. Je décide de donner un peu plus de clarté à mes propos et accepte l'interview d'un média alternatif présent sur le net. Sa ligne éditorialiste me convient et j'ai une sympathie pour la chaîne.

- Bonjour et merci d'avoir répondu à notre invitation. Alors, selon vous, aller voter ne sert à rien ? Une phrase qui en a fait réagir plus d'un !

- Bonjour et merci de me recevoir,

Oui je pense qu'aller voter ne sert plus à rien. La cinquième république ne produit plus de projets politiques capables d'améliorer la vie des Français. Les politiques de la cinquième république n'en ont plus les moyens et je trouve qu'il est hypocrite de continuer dans cette voie illusoire. Nos gouvernants n'ont pas respecté le référendum en 2005. Depuis notre démocratie a perdu de son sens. D'ailleurs je voudrais souligner que beaucoup de nos problèmes se sont aggravés à ce moment-là.

- Vous avez dit que si la France était dans cet état-là, c'était la faute de son peuple. Alors le peuple ou les politiques ?

- Les deux bien entendu, nous avons les politiques que nous méritons, puisque c'est nous qui les élisons.

- Mais alors pourquoi parler d'hypocrisie et d'illusion ?

- La mission des politiques devrait être d'améliorer la vie du peuple, or, les hommes qui accèdent au pouvoir sont incompétents et impuissants.

- Vous généralisez quand même !

- Ah oui ? Alors pouvez-vous me dire ce que les gouvernements et les parlementaires ont généré de positif ces dernières décennies ?

- euh... ce n'est pas à-moi de vous répondre, je vous rappelle que c'est votre interview...

- Des lois, des réformes, ah ça plein ! Dans l'ensemble clivantes pour le peuple, favorables pour une minorité.

L'éducation, la sécurité, la santé ne se sont jamais aussi mal portées, cela ne cesse de s'aggraver et on sait malheureusement que ce n'est pas près de s'arranger. Il faudrait adopter une vision à long terme. Or nos politiques ne tablent que sur du court terme voguant de crise en polémique !

L'Éducation nationale, que je considère comme le point de départ pour résoudre nos problèmes, nécessite une modernisation profonde, voire une réorganisation complète. Le principal échec de la Ve république est son incapacité à apporter une réponse satisfaisante au problème de l'éducation. Je pense qu'actuellement le système n'est adapté que pour la moitié des élèves. Par conséquent, les élèves qui quittent le système éducatif, sont en position d'échec au moment même où ils rentrent dans la vie active. Si vous avez de bonnes notes vous ferez un métier intellectuel, si vous êtes en échec scolaire vous ferez un métier manuel. Les choix et les orientations de parcours scolaires doivent tous être valorisés puisque chaque métier apporte sa contribution au fonctionnement de la société.

Je vous le dis, de nos jours, il faut du courage pour être enseignant. La bonne volonté ne suffit plus, il faut donner plus de moyens.

Les déserts médicaux se multiplient ! Dans certaines régions il faut des mois voire des années pour obtenir un rendez-vous et consulter un médecin. Les retards de prise en charge génèrent une forte pression sur les hôpitaux. Pour pouvoir assurer des soins de qualité, l'hôpital manque de personnel. Les malades attendent de longues heures, voire des jours, sur les brancards aux urgences faute de places dans les services. Paradoxalement la frénésie à fermer des lits n'a pas cessé depuis 20 ans. Les ruptures de stocks de médicaments sont de plus en plus fréquentes. Des scandales dans la gestion des EPHAD persistent et les maltraitances continuent.

Quiconque a recours aux services de soins en constate la défaillance. On comprend que le fonctionnement ne tient que par la seule bonne volonté du personnel se surpassant chaque jour.

La violence est omniprésente dans les rues. Le peuple ne se sent plus en sécurité. Les violences civiles ont connu une croissance exponentielle, ces dernières années. Dans les grandes villes, prendre les transports en commun, aller boire un verre, ou promener son chien est devenu un calvaire. Partout sur le territoire, des zones de non droit ont émergé, un citoyen ne peut plus y circuler librement. Les prisons débordent. Vous pouvez être condamné plus de dix fois, si vous « prenez » moins de deux ans fermes, vous ne serez pas incarcéré... La justice en France est devenue un mirage. Elle ne fonctionne pas. Elle a tendance à protéger les personnes influentes, à disculper les malfrats et à contraindre les honnêtes gens.

Le policier se rêvait défenseur de la France et se retrouve relégué au rôle de Don Quichotte.

Et que font les différents gouvernements ? Ils coupent dans les dépenses publiques aggravant encore plus la situation. Toujours la même chose.

Ils nous demandent de faire plus d'efforts en expliquant que demain ça ira mieux, sapant les fondements de notre République, réels garants d'égalité. Ils se félicitent de bien gérer les crises et nous expliquent qu'avec d'autres ce serait pire. Surtout, ils ne cessent d'accroître la dette. Combien de milliers de milliards encore ? « Vous devez travailler 2 ans de plus car nous devons récupérer 10 milliards » ! En revanche il faut envoyer 3 milliards pour aider ce pays, et 1 milliard pour aider celui-là. Il faut 413 milliards pour la nouvelle loi de programmation militaire et des chèques pour les cabinets de conseil. On nous dit que si l'école et la santé sont dans cet état, c'est qu'il manque des milliards. Ne serait-il pas temps de revoir les objectifs pour le peuple français ?

Parlons de l'écologie ! Nos déchets prétendus triés, finissent dans des décharges chez les voisins. Parfois tri et poubelle sont ramassés dans les mêmes bennes. Les représentants européens essaient d'inonder le parc automobile avec des voitures électriques mais est-ce vraiment une solution miracle ? Et en ce qui concerne les supertankers, le transport maritime, les avions, qu'allons-nous faire ?

Les denrées alimentaires étant devenues hors de prix, on ne peut plus se nourrir correctement. Combien ne mangent plus de viande, de poisson, de légumes, ne font jamais trois repas par jour ? Vous vous rendez compte ? en France ! Et cependant le gaspillage alimentaire reste important ce qui est paradoxal. Les agriculteurs qui nous nourrissent, subissent des pressions monstrueuses. Ils sont maintenus en situation de survie permanente.

Le logement aussi représente un problème. Les offres de locations deviennent rares, les achats difficiles. Dans les régions prisées, les natifs sont évincés par les investisseurs ou les personnes fortunées. Parallèlement un nombre incalculable de logements, de locaux, restent désespérément vides une grande partie de l'année. On a construit sans se soucier de l'esthétique. On bétonne à tout va. On construit sur des zones inondables moyennant des arrangements douteux.

Les élèves pendant les récréations, les passants dans les villes ne trouvent même plus d'arbres sous lesquels s'abriter du soleil.

Les français sont anxieux, ils sont les premiers consommateurs de cannabis et d'antidépresseurs en Europe et bien placés pour la consommation d'alcool. Les rendez-vous chez les psychologues sont saturés. Le mal être est palpable partout, chez les jeunes, les adultes et les personnes âgées.

Les dernières gouvernances se sont employées à saccager notre réseau diplomatique à l'étranger avec pour résultats de graves ingérences pour notre pays.

Que dire de nos brillants étudiants qui fuient la France pour l'étranger par manque d'attractivité ? Combien de potentiels gâché pour nos secteurs ? Combien de jeunes ne voient plus leur avenir en France ? Le patriotisme décline visiblement, beaucoup rejettent la France et ceci est toléré, parfois encouragé.

Comment critiquer le chômeur qui prolonge son statut pendant une longue durée ? Quel intérêt à retourner travailler si la différence entre le salaire proposé et les indemnités est parfois de quelques dizaines d'euros ? Le traumatisme de la pandémie du covid a changé les règles, et beaucoup de secteurs manquent maintenant de main d'œuvre.

Les syndicats censés défendre les travailleurs se sont organisés en assemblées douteuses oubliant leur véritable mission.

Les faillites d'entreprises se multiplient.

Où sont passés les millions de « Charlie » qui symbolisaient la solidarité et la défense de la liberté d'expression ? Peut-être que la liberté n'est plus une priorité pour beaucoup de gens...

Plus de neuf millions de personnes vivent au-dessous du seuil de pauvreté. Devant ce constat, il est clair que les dérives de notre société touchent de nombreux domaines. Est-ce que, à un moment donné, nous ne nous serions pas éloignés <u>du bon sens</u> ? A titre personnel on m'a dupé depuis mon enfance. On m'a fait miroiter que depuis 68, le peuple s'était émancipé, que le nucléaire était une calamité, que les fonctionnaires ne servaient à rien, que l'occident était le camp du bien et le reste du monde représentait le mal.

Mais le bilan est lourd. Nous avons échoué dans les secteurs de l'intégration, de l'industrialisation, de la programmation énergétique, des avancées sociales.

Et je ne vous parle même pas de ces programmes télévisés qui nous tirent vers le bas, qui favorisent la paresse intellectuelle, la vulgarité, l'étroitesse d'esprit, et l'absence d'esprit critique. A ce compte-là, c'est sûr que le gouvernement peut supprimer la redevance télé !

Dans ma jeunesse, le terme « influencer » était péjoratif. Être influencé signifiait que l'on n'avait pas assez de caractère pour décider soi-même, pour s'affirmer. En une seule génération, tout a changé. De nos jours, beaucoup de jeunes pensent que pour réussir, il suffit de s'engager dans des systèmes comme la pyramide de Ponzi ou l'affiliation. Mais où est la véritable création de richesses dans tout cela ? Pour réussir, il faut escroquer le plus de monde possible. Impensable qu'il ait fallu attendre qu'un rappeur exilé de l'autre côté de l'atlantique se charge de protéger nos jeunes devant l'aveuglement de nos élus. L'obsession du paraître et l'égocentrisme sont devenus si courants que pour beaucoup, le bonheur se mesure désormais en « vues » et en « pouces bleus ».

Notre système basé sur l'humain et l'entre-aide est honorable et enviable, mais si le peuple n'est pas conscient de ses privilèges, vous vous retrouvez face à des individus qui pensent que l'accès aux soins de santé, les aides sociales, les exonérations d'impôts sont des dus. Beaucoup de patients à l'hôpital critiquent la qualité de la nourriture, de la prise en charge, le temps d'attente, s'offusquent de ne pas avoir tel ou tel service... Si le peuple n'a pas assez de lucidité pour apprécier ses avantages, ceux-ci risquent de disparaître.

Voilà l'état de notre société, de notre chère France qui s'est détérioré petit à petit sans que jamais personne n'arrive à mettre le holà. Si nous avions beaucoup de temps, d'innombrables sujets pourraient être abordés à propos des grandes villes engorgées année après année, de l'addiction collective aux écrans ou bien nous pourrions parler des pédophiles qui sévissent sur le territoire presque en toute impunité !

La France ne doit plus être sur la pente glissante. Nous avons hérité d'un passé riche, nous n'en avons pas pris soin et bientôt il faudra tout reconstruire ! Il faut dès lors hiérarchiser et résoudre les problèmes les uns après les autres, tout en anticipant sur l'avenir et surtout remettre du bon sens dans les rouages de notre pays. A ces conditions-là, nous pourrions espérer un avenir serin pour les prochaines générations.

Mais je ne blâme pas les politiques, je vous rappelle qu'ils sont impuissants.

Le problème ce n'est pas l'homme, c'est le système. Tant que nous n'en changerons pas, la situation s'aggravera.

- Eh bien tout cela est très pessimiste !

- Je trouve ça seulement réaliste, en tout cas c'est ce que je constate.

- Pourquoi les politiques seraient-ils impuissants ?

- La Ve République était taillée pour un seul homme, son créateur. Depuis le système s'est fissuré peu à peu jusqu'à perdre son sens.

Je ne doute pas de la bonne foi des successeurs, mais de leur courage face à la prise de décisions capitales.

Les grandes transformations de ce pays, ont été initiées par des hommes qui n'étaient pas issus de formation politique. Leurs convictions n'étaient pas entachées par des pressions diverses qui régissent celles des aspirants au pouvoir. Leur patriotisme à l'égard de la France était exemplaire.

- Vous pouvez développer ?

- Nous sommes passée d'un système, perfectible certes, mais efficace, à un système qui dessert les Français. Celui qui entre en politique est motivé par les faveurs que lui offre son statut au détriment de ses convictions. L'ambition est d'avoir une place. Ce système déconnecte les hommes politiques de la vraie vie. Alors comment pourraient-ils prendre des décisions cohérentes, sans connaitre le quotidien de la plupart d'entre nous et les difficultés auxquelles nous sommes confrontés ?

Par ailleurs la France n'est plus souveraine : obligée de respecter les traités européens, qui disons-le, sont largement à son désavantage. Le pouvoir a été confisqué, il se trouve à Bruxelles désormais et peu importe qui est mis à la tête du pays, il sera soumis aux directives européennes.

Que dire de l'amateurisme du gouvernement, qui, après avoir publiquement « renoncé » aux ressources d'un pays, se retrouve finalement à les acheter par l'intermédiaire de tiers, qui prélèvent une importante marge au passage. Doit-on se soumettre à une personne qui n'a pas à répondre de ses actes devant les peuples pour nous dire comment penser, comment nous soigner, comment vivre ?

L'ordre qui tend à être établi ne tient plus du complot ou de la science-fiction, il est bien réel, et si nous ne prenons pas les dispositions adéquates à court terme, nous perdrons d'une manière ou d'une autre, définitivement la notion de démocratie dans nos Etats européens.

Que dire de nos dernières campagnes militaires ? De la vente de notre patrimoine aux étrangers ? Des promesses politiques rarement respectées ?

Nos gouvernements ne sont plus dans l'action ; les mesures prises n'ont qu'un but : survivre aux crises ! Celles du logement, de l'eau, des finances, des migrations, du covid, du terrorisme, de l'électricité..., quelle sera la prochaine ? L'incapacité des dirigeant à prévoir ou à gérer durablement est affligeante, ils ne proposent rien de concret et ne seront jamais inquiétés de n'avoir rien fait !

- Et pourquoi à votre avis ?

- Pour obéir aux marchés financiers.

- C'est complotiste tout ça !

- C'est tellement « bateau » que plus personne ne s'y attarde vraiment, mais c'est réel. Les riches, les pauvres... ça a toujours existé et il y en aura toujours, mais ce n'est pas de cela dont je parle. Je parle des régnants qui font la pluie et le beau temps, ceux qui sont devenus plus puissants que les états. En France nous sommes soumis à une oligarchie, elle est silencieuse, discrète et pourtant elle impacte directement notre quotidien. Pour être clair, le désordre ambiant, est bon pour les affaires ! Elle est capable d'influer sur les présidents, sur le peuple, sur les lois et d'écarter ceux qui ne servent pas ses intérêts. Le résultat ? Les riches sont plus riches et les pauvres plus nombreux.

Mais être pauvre est-ce seulement avoir un pouvoir d'achat qui diminue ? Ou un seuil de revenus minimum ? Ou bien est-ce, ne pas avoir accès à une alimentation saine, à la sécurité, à une solide éducation, à un logement décent, à des activités, à des soins de qualité. Car si c'est cela, une grande partie de la classe moyenne a basculé dans la pauvreté.

Il faut travailler sur ces points en déclin depuis des décennies pour lutter contre la pauvreté, même s'il apparait difficile de la supprimer. Distribuer des chèques de temps en temps n'est pas la solution.

- Un mot sur le peuple hypocrite et fautif ?

- Hypocrite car tout cela est admis, tout cela est connu, je ne vous apprends rien. Les « affaires » dans lesquelles nos élus sont impliqués sont courantes. Un nouveau scandale succède au précédent que l'on finit par oublier ! Pourquoi avons-nous laissé les affaires se succéder sans que les personnes ne soient jamais vraiment inquiétées à la hauteur de leurs méfaits. Détournements de fonds, abus de confiance, <u>prises illégale d'intérêt</u>, déclarations incomplètes ou mensongères du patrimoine, faux et usage de faux, abus de confiance et de biens sociaux, blanchiment d'argent et fraude fiscale aggravée, trafic d'influence, corruption, favoritisme, harcèlement moral ...

Quels impacts pour le citoyen français dans les affaires McKinsey, des évadés fiscaux, des Panama Papers, Uber fils, Alstom, Alcatel, Lafarge, Technip, Airbus, Arcelor ?

Avec toutes ces histoires, une question : Combien de décideurs privilégient l'intérêt de la France avant le leur ?

Alors qu'ils ont trahi le peuple français, ces hommes politiques sont intouchables, recyclés, ils se rient de nous. La vérité c'est qu'ils se sentent supérieurs. Leur audace, leur impunité, suscitent des comportements de prise d'intérêt personnel terrifiants pour les valeurs de la république. Leurs agissements se rapprochent douteusement de ceux de la Mafia. Le « piston » et les arrangements hors la loi façonnent leurs intérêts.

Que dire des membres du gouvernement, qui passent d'un ministère à un autre ? Comment leur expérience, peut-elle leur permettre de comprendre les difficultés auxquelles sont confrontés les acteurs du système ?   Que dire de l'entre-soi qui permet à un haut placé d'accéder à une nouvelle fonction prestigieuse en le décorant de la légion d'honneur, sans expérience dans le domaine ?

Qui a oublié que c'est un comique qui a souhaité que les gens ne meurent plus de faim dans les rues ? Pourquoi, sous la Ve République, attendons-nous toujours, que la chose politique améliore les conditions du peuple ? Une perpétuelle désillusion... ; cette romance a un goût amer d'amour à sens unique !

Le peuple est fautif car il a perdu son pouvoir dans le pays où la liberté, qu'elle soit d'expression, de pensée ou d'action, était la valeur la plus exemplaire au monde. Citons la crise des gilets jaunes. Qui n'était pas favorable à ce mouvement au début ? Des travailleurs qui gagnaient bien leur vie étaient dans la rue ! La majeure partie des français s'est soulevée contre les injustices, les inégalités pendant des mois.

Et vous avez vu avec quelle facilité le pouvoir a asphyxié le mouvement ? Dans un premier temps il a procédé à une violente répression. Ensuite avec la complicité des médias, il a retourné l'opinion publique, incitant le peuple à ne plus adhérer à la cause, réduisant sa perception des manifestations à des regroupements de « bad blocs » et de « grilleurs de saucisses ».

Depuis ce sabotage orchestré, le peuple a perdu espoir et sait à quoi s'en tenir. Mais les revendications des Gilets jaunes ont permis au peuple d'ouvrir les yeux. Maintenant il ne faut plus qu'il se divise, il faut qu'il s'organise.

Regardez l'ampleur de la mobilisation lors des manifestations contre le report de l'âge de la retraite. Le gouvernement a-t-il cédé sur la moindre ligne ? Deux ans supplémentaires pour des travailleurs français ! Pourtant la plupart n'atteint pas l'âge de la retraite dans de bonnes conditions. La perte de souveraineté du peuple français est alarmante !

Les manifestations ne constituent plus le moyen adéquat pour protester.

- On ressent beaucoup d'indignation dans vos propos, la situation semble catastrophique à vos yeux.

- Il suffit de regarder hors de nos frontières pour se rassurer et dire qu'en France nous avons une qualité de vie bien meilleure que dans beaucoup de pays. Mais qu'ailleurs ce soit pire, n'est pas un argument pour régresser ! Si je suis indigné, c'est parce que je suis un amoureux de la France, de ses territoires, de son passé. Brillant parfois, honteux à d'autres moments mais quelle histoire ! Les réseaux, les infrastructures, les avancées sociales sont notre héritage. Mais que proposons-nous maintenant ? J'ai envie que la France brille de nouveau par son intelligence et je sais qu'elle en a les moyens.

- Nous arrivons à la fin de cette interview, merci de nous avoir accordé du temps. Un message personnel à faire passer ?

- Oui ! Sur l'espoir et la nécessité d'unité, car si nous sommes plus divisés que jamais, nos problèmes vont continuer à s'aggraver. Unifiés nous aurions la possibilité de redresser le pays. Les solutions sont nombreuses. Il n'y a qu'ensemble que nous améliorerons la vie de tout un chacun.

Continuons d'être individualistes et nous verrons ce qu'il nous reste... Continuons de nous diviser et nous verrons ce qu'il adviendra...

Il ne faut pas que l'espoir disparaisse. Le peuple est désabusé. Mais sans l'espoir et l'unité, je peux vous promettre qu'aucun de nos problèmes ne sera réglé, bien au contraire !

Les gens disent à tort « diviser pour mieux régner » or la maxime originelle est « divide et impera ». Il n'y a pas de « mieux » : on divise, on règne, c'est tout ! Le peuple français n'a jamais été aussi divisé...

Merci à vous.

Si le but de cette interview était de clarifier mes dires, j'avais aussi espoir qu'il m'efface du débat public. Cela ne s'est pas produit.

Les messages privés commencent à affluer. Beaucoup me conseillent de me lancer en politique. Je suppose que personne ne me voit dans ce rôle-là, mais de tenir ce discours face à d'autres politiques pendant les élections européennes les amuserait beaucoup. Certains crédules me voient futur président même si cela n'arrivera jamais...

Premièrement, mon discours n'est pas nouveau. Si l'intérêt pour ma personne est si fort, c'est que j'exprime avec le cœur un « ras le bol » général.

Deuxièmement, je n'ai aucune ambition à gouverner, pas de programme, pas de soutien dans le milieu de la politique, je ne suis tout simplement personne, juste le « buzz » du moment !

Troisièmement, je ne représente aucun risque pour la classe politique. L'absence d'invitations aux débats télévisés, suffirait à m'écarter ; et si d'aventure, je représentais le moindre danger, les personnes concernées auraient vite fait de m'anéantir.

Enfin je ne fais pas confiance aux Français ! Pendant la crise du covid, face à la peur, ils ont lâchement abandonné ceux qui les avaient soignés. Et moi, qui risque de tout perdre, ils m'abandonneront sûrement quand le moment viendra.

Cela ne m'intéresse tout simplement pas ! Après tout, j'ai donné mon avis dans le pays de la liberté d'expression. Il faut être patient et tout reviendra dans l'ordre.

Je suis en train de conduire, il fait beau, la route est dégagée. Tout est enfin revenu à la normale comme prévu. L'actualité s'est emparée d'innombrables sujets depuis et je suis sorti de la bulle sans trop laisser de traces. Alors que j'emprunte la nationale pour rentrer chez moi, j'allume la radio pour écouter un peu de musique. La station mémorisée est France info. La ministre de l'écologie s'exprime sur les ondes. Par curiosité j'écoute. Le sujet porte sur les éoliennes en mer. Quelle est ma surprise quand j'entends la ministre citer mon nom, pour se moquer de moi et des gens dans mon espèce ! Aussitôt un de mes amis qui écoutait aussi l'émission me téléphone. Il persifle. J'entends une sirène derrière moi, je regarde dans le rétroviseur : la police ! Alors que je donne mes papiers et que l'agent me lit la sanction, son collègue tout excité, s'appuie sur mon capot, sourire aux lèvres, puis se tient la tête avec les mains et ne cesse de répéter « j'y crois pas ! ». Il me reconnaît, me demande une photo et me propose de repartir sans contravention. Je présente mes excuses pour avoir utilisé le téléphone au volant, je remercie mais refuse un traitement de faveur et reconnais le bien-fondé de la contravention. A cet instant je n'ai que le discours de la ministre en tête... Il est vrai que je l'ai citée une fois, mais je ne suis qu'un citoyen parmi tant d'autres. Pourquoi se permet-elle de se moquer de moi ? Au vu de son efficacité, à sa place je me ferais discrète.

Je publie sur X en la citant.

Elle commente ma publication.

Je lui démontre son incohérence.

Elle propose un face à face télévisé.

J'accepte.

Le matin du face à face, je reçois une lettre dans laquelle il est mentionné que mon entreprise fera prochainement l'objet d'une vérification de comptabilité.

Le soir venu, première apparition sur les chaines télévisées. Le gouvernement a jugé opportun de me confronter à une « pointure » pour me réduire au silence ; ma première interview lui avait causé du tort et, mis à mal par l'opposition à l'approche des élections européennes, il aimerait bien regagner un peu de popularité. Toutefois le moment choisi correspond à une période de faible audience. Lorsque je fais mon apparition, la ministre est déjà installée. Elle relit ses fiches et plaisante avec l'animateur.

J'entre sur le plateau le visage fermé, comme un boxeur sur un ring. Elle s'en frotte les mains. Ma nonchalance finira définitivement de m'enterrer.

L'émission commence. *Pas de questions préparées, c'était ma condition ! Un face à face sans contrainte. La journaliste nous salue et lui donne la parole.*

- Bonjour, je ne peux m'empêcher de vous interpeller sur le fait que non, l'écologie ce n'est pas que les voitures électriques. Je ne vous blâme pas, vous n'êtes pas le seul « bien-pensant » qui croit tout savoir et qui pense que le ministère ne fait rien. Alors pour votre information nous avons créé une écologie à la française inédite. Nous allons réduire les émissions de CO_2 de 55% d'ici à 2030 ; Nous allons faire plus en cinq ans, que ce qui a été fait en 33 ans. Les centrales à charbon seront fermées sous ce mandat. Nous avons lancé un programme innovateur et très prometteur de turbines électriques en mer. Voyez tout ce que nous faisons ! Et j'ajouterai, puisque vous avez abordé la crise de l'eau dans votre réquisitoire plus que simplet, que nous avons élaboré un plan eau sur 6 mois regroupant 53 mesures, avec un apport financier de plusieurs millions d'euros. Ces mesures font de nous, une fois de plus, des précurseurs en matière d'engagement, de lutte et d'anticipation dans les crises qu'affronte courageusement le peuple français. C'est ça notre gouvernement, nous sommes dans le concret, dans l'action ! On ne se contente pas de parler, on agit ! Nous proposons une croissance verte tout à fait inédite.

- Elle n'existe pas la crise de l'eau...

- qu...qu..quoi comment osez-vous ? Parce que vous êtes aussi négationniste ? Et les nappes phréatiques presque vides, les cours d'eau asséchés, je les invente peut-être ?

- Vous êtes bien gentille, mais il me semble que je vous ai laissé parler. Maintenant c'est à mon tour.

- Oui, bien... je vous écoute.

- Très bien. S'il manque de l'eau, je vous en trouve ! Sachez que pendant « ladite » crise, soixante-huit millions de français continuaient de faire leurs besoins plusieurs fois par jour dans cinq litres d'eau potable, les stations de lavage de voiture tournaient à plein régime, parcs aquatiques et terrains de golf également, et les eaux de sources étaient toujours privatisées. Des milliards de litres d'eau potable sont perdus chaque année en raison de fuites dans les canalisations avant l'arrivée aux robinets. Dans l'Hexagone de l'eau, il y en a ! Gaspillée certes, mal gérée je vous l'accorde, mais il y en a ! Partout cela ruisselle, on n'est pas en Arabie Saoudite quand même !

Ensuite, c'est bien tout ce programme concernant l'électricité, mais si on arrêtait de la vendre à bas coût à des concurrents ça serait mieux ! Concurrents que nous avons-nous même « créés » par ailleurs... Puis si on arrêtait une programmation énergétique différente tous les cinq ans ça irait sûrement mieux.

- Désolée mais là je suis obligée de vous interrompre... Là vous vous attaquez à la démocratie... Chaque président a une vision différente, il fait ce qui lui semble le mieux, pour le peuple durant son mandat. Puis pour ce qui est de fournir l'électricité à bas coût, vous êtes très loin de connaître tous les enjeux économiques d'une telle manœuvre...

- Je suis sûr que c'est dans l'intérêt du Français si le prix de l'électricité est indexé sur celui du gaz, puisque cette énergie représente une part minime de notre production ! Je suis sûr que c'est dans l'intérêt de la France si nous avons créé une concurrence en Europe à EDF car elle était leader sur le marché. Je suis sûr que c'est dans l'intérêt de la France et des Français si notre programme énergétique dépend de calculs politiques, de bulletins de vote et de lobbies....

- Et bien, c'était pour respecter les lois sur l'ouverture à la concurrence Monsieur ! Alors selon vous, nos élus mènent volontairement une politique énergétique défavorable pour le pays et son peuple ?

- Volontaire non, incompétente oui ! Nous avons besoin d'un plan, d'un programme, d'une vision pour la France sur des décennies. Pas d'un désordre innommable, qui nous fait passer de leader mondial, à « va-t-on avoir de l'électricité cet hiver » ? D'une surproduction à une augmentation du prix de 70 % en seulement 10 ans ! Vous parlez de fermer les centrales à charbon, c'était déjà la promesse de votre gouvernement sous le précédent mandat. Non seulement cela n'a pas été fait, mais il en a réouvert...

Pour revenir à l'eau, vous savez j'ai revu « Manon des sources » il n'y a pas longtemps ! Nos anciens, dans leur gestion de l'eau, étaient remarquables. Au slogan « en marche » de votre gouvernement, j'ajouterai arrière : en marche arrière ... Vous parlez d'écologie, mais notre société de surconsommation n'est absolument pas compatible avec l'écologie ! La croissance verte n'existe pas ! C'est de la poudre aux yeux, une chimère... Vous pouvez également réduire les émissions « carbone » dans le territoire, mais vous savez que la pollution ne s'arrête pas aux frontières ! Il ne faudrait pas oublier toute la pollution générée à l'étranger pour servir nos intérêts. Nous sommes tous sur la même planète ! Alors c'est sûr qu'à force de délocaliser notre industrie pour des questions économiques, la pollution se fait ailleurs. On peut interdire le pétrole et le gaz de schiste à la prospection en France, mais si l'on achète celui des Etats-Unis, pour des raisons environnementales et financières, cela est pire !

La réalité, c'est que notre société, dans son fonctionnement demande beaucoup d'énergie fossile et renouvelable, in fine cumulées. Alors j'aimerais qu'on arrête l'hypocrisie et qu'on se pose les vraies questions. Quelle société de demain et à quel prix ?

Voyez, nos anciens mangeaient de la viande une fois par semaine, ils ne voyageaient presque pas à l'étranger, ils n'achetaient pas un nouveau téléphone tous les deux ans, une nouvelle télé ou machine à laver tous les cinq ans. Il n'y avait pas d'obsolescence programmée. Tout était réutilisé ou réparé. Il y avait beaucoup moins d'engrais. Ils n'importaient pas des objets fabriqués à l'autre bout de la planète pour une consommation unique. Ils mangeaient local.

Alors oui, la société a évolué. Plus personne ne voudrait vivre comme ça mais je pense qu'il faut arrêter de se voiler la face. La crise, elle, n'est pas environnementale, elle est sociétale. Le confort est tellement intrinsèque à l'homme, que personne ne voudra y renoncer. Mais quel sera le prix à payer pour les générations futures ?

Face aux 3 milliards d'habitants que comptent l'Inde et la Chine, deux pays en plein développement qui consomment toujours plus, face au 300 millions d'américains avec un gouvernement qui se moque de l'écologie, du Moyen Orient qui crée des stations de ski et climatise des stades en plein désert, croyez-vous que nous, 68 millions de français, allons changer quelque chose ?

- Ah c'est comme ça ! On abandonne on ne fait plus rien ?

- Le GIEC alarme, 28 COP et rien ne change ! Les associations alarment, les états alarment mais rien ne change ! Parce que personne ne met l'humain au milieu de tout ça !

- Pardon ?

- Oui l'humain ! Parce que si les prédictions sont justes, nous savons à quoi nous allons être confrontés. Les scientifiques nous disent qu'à l'avenir tout est perdu ! La Terre se réchauffe, les banquises fondent, les eaux montent, les océans s'acidifient, les glaciers disparaissent. Ce sont des boucles de rétroaction positive. Dans un monde où tout est basé sur l'équilibre, changer les paramètres, c'est changer le monde. Dans un monde fini, les ressources ne sont pas éternelles. Le pétrole et le gaz c'est grandiose mais les gisements s'appauvrissent, on demande toujours plus de prospections, toujours plus d'énergie dépensée pour extraire, toujours plus de raffinage, en contaminant toujours plus les sols. Il n'y pas de pérennité là-dedans, l'Âge d'or des énergies fossiles est révolu, et alors viendra l'appauvrissement de nos qualités de vie. Mais cela ne va pas être le seul problème à gérer. Il va falloir payer l'addition et assumer tout ce que nous n'avons pas pu anticiper. Nous pourrions stopper notre activité dès maintenant, la température de l'air et des océans continuerait à augmenter, détruisant tout organisme vivant incapable de s'adapter. Les peuples, les états, s'engagent, se concentrent sur les problèmes endémiques qui les concernent mais au niveau mondial comment allons-nous gérer nos déchets enfouis ici et là, la pollution de l'air, la déforestation, la contamination des sols, l'agriculture homogène, les pesticides à outrance, la disparation des abeilles, des barrières de corail, la fonte du pergélisol, les incendies, les inondations plus répandues et plus étendues ? A cela s'ajoutent le déclin du monde sauvage, la

disparation des mammifères, la pêche
intensive qui épuise les réserves de
poissons, la diminution du nombre des
insectes et des oiseaux. On fait migrer
certaines espèces d'une région à l'autre,
elles deviennent invasives et accélèrent
encore plus le déséquilibre naturel. La
sixième extinction de masse est en cours et
c'est l'humain qui est à la manœuvre.
S'ajoute à cela la croissance exponentielle
de la population humaine, qui laisse une
empreinte de plus en plus marquée sur le
monde. Le plus pauvre d'entre nous
aujourd'hui peut avoir un impact sur la
nature plus important que le plus riche d'il
y a 500 ans. La mondialisation bouleverse
notre monde : pandémie fulgurante,
pollution due aux échanges
internationaux...

Nous ne mangeons plus de produits de
saison, nous ne savons même plus ce que
nous mangeons... Des denrées produites à
des milliers de kilomètres sont moins
chères que celles élaborées sur place, la
voilà, la réalité du marché. Nous mangeons
pétrole, nous nous déplaçons pétrole, nous
construisons et vivons pétrole. A l'image
de notre société un légume calibré sans
apport nutritif est préféré à son homologue
difforme et naturel. L'apparence avant la

qualité. Le physique avant l'être. Pesticide, pesticide, pesticide ! Monoculture ! Fragile, fragile, fragile !

Nous sommes dépassés par trop d'informations, d'intox, nous n'arrivons plus à discerner le vrai du faux, le juste de l'injuste. Mais si nous gardions <u>notre bon sens</u>, chacun pourrait comprendre à quel point nous sommes en danger, à quel point tout cela est fragile... La seule réalité, c'est que, inexorablement, le jour du dépassement, date à laquelle l'humanité a consommé l'ensemble des ressources naturelles produits ne cesse de s'avancer chaque année.

- Nous sommes conscients de tout cela mais nous ne pouvons pas tout régler en même temps. Et puis notre avancée technologique nous permettra de pallier ces problèmes, c'est pour cela que nous parlons de croissance verte, car il ne faut pas oublier la croissance, pour, à l'avenir, régler, tous ces problèmes.

- La croissance qui règle les problèmes ? Mais c'est elle qui les crée ! Vous êtes soumis à l'effet de vérité illusoire Madame.

- Restez poli ! Dois-je vous rappeler que vous vous adressez à une ministre ? Un agent du pouvoir exécutif ! Alors quoi ? Vous proposez à tous les français d'aller vivre dans une grotte ? Et puis comme vous dites que la France ne changera rien, dans tous les cas on est perdu d'avance !

- La vraie question dans tout ça, c'est le temps ! Combien de temps avons-nous devant nous, avant que cela impacte considérablement nos modes de vie ? Pour avoir une réponse, il faudrait réunir un colloque de scientifiques qui ne seraient pas « lobbysés » de toutes parts, pour se mettre d'accord. L'impact douloureux se manifestera dans 30 ans ou dans 300 ans ? Il faut construire un réel plan d'avenir ! Les commissions parlementaires restent très efficaces dans cet exercice ! D'ailleurs je regrette qu'il n'y en ait pas plus pour se pencher sur les sujets capitaux ! Il est ensuite essentiel de sensibiliser la population aux enjeux et de clarifier la qualité de vie que nous pouvons espérer avec les changements à venir. Ainsi nous devons mettre en corrélation la qualité de vie avec le service public. Les solutions restent nombreuses pour affronter le mur qui se dresse face à nous.

- Que viennent faire la qualité de vie et les services publics dans un échange sur l'écologie ?

- C'est là que l'humain rentre en ligne de compte. Est-ce que nos anciens dans leur façon de consommer plus sobre avait une vie moins heureuse ? Je pense que non car dans l'ensemble les services publics assuraient plus de sécurité et une meilleure éducation, ils donnaient davantage de perspectives d'avenir. Depuis des décennies, on sacrifie tous ces acquis sur l'autel de la consommation pour des téléphones, des tablette etc...

- Mais vous mélangez tout c'est pas possible !

- Si l'on veut changer les choses nous ne pouvons pas distinguer le volet social, de l'écologie, de l'économie. Il faut une vision d'avenir globale. Nous sommes dans un système financier spéculatif à bout de souffle, qui ne peut plus tenir, prêt à s'effondrer à tout moment. La société se structure autour d'une hyperconsommation inutile et s'effrite sur les services de nécessité primordiaux.

Le paradoxe, c'est que la finance instrumentalise l'économie et l'inflation

qui en résulte, nous contraint à manger
moins de viande, à nous déplacer moins, et
à consommer moins, simplement parce que
tout est devenu trop cher. La finance nous
prive de consommation alors que nous
reste-il maintenant ?

- Je ne comprends plus rien à ce que vous
dites, je perds mon temps à débattre avec
vous, je préfère terminer ce débat.

- Vous avez raison, profitez de ce temps
pour travailler sur le sort des français.

Deux semaines plus tard...

Les cinq inspecteurs qui m'entourent, s'agitent dans tous les sens. L'un d'entre eux est disposé à me questionner pendant que les autres fouillent, retournent, examinent le moindre document, la moindre note de frais. A tour de rôle, ils rendent des comptes à leur collègue qui adapte ses questions. Ils sont froids, pointilleux, autoritaires. A première vue ma petite entreprise ne révèle rien de malhonnête. Après quatre heures d'audition, ils plient bagage prenant soin d'emporter avec eux de nombreux documents.

Tous les autres jours de la semaine se déroulent de la même façon.

L'opposition publie sur les réseaux :

« Notre solidarité est évidente ! Une fois de plus le gouvernement utilise des moyens de pression plus que discutables, avec un homme qui se bat pour énoncer des vérités. Oui, citoyens français, bientôt nous réglerons tout ça ! Par ailleurs nous aimerions vivement rencontrer ce jeune homme »

Si le message est censé me réconforter ou m'égayer, il n'en est rien. Ma tête est confuse, je ne sais plus à qui faire confiance. Les infos affluent, les commérages aussi. Tout le monde y va bon train sur le pronostic.

Mon entreprise rencontre des difficultés. Les clients hésitent à venir. Mes fournisseurs me livrent irrégulièrement, et tous mes contacts professionnels deviennent compliqués.

Au vu de ma situation, un membre de ma famille crée une cagnotte qui s'intitule « ils ne le couleront pas, pour la France ! » Si au début j'étais sceptique à l'idée que les gens soient solidaires, le nombre de dons en 72 heures me laisse pantois. Un élan de générosité national s'est constitué autour de ma personne. Tout cet argent, je n'ai rien fait pour le mériter et je n'ai pas envie de profiter de la détresse des gens. Beaucoup de messages accompagnent les dons « pour tes futures campagnes ! ».

Pourquoi pas ? Sans parti, sans soutien, de façon novatrice, sans suivre les standards habituels ? Nouvelle époque, nouvelle génération !!!

Je finis par accepter de rencontrer le chef de l'opposition, à condition cette fois-ci, que ce soit une discussion privée, qu'elle ne soit pas filmée.

- J'aime votre honnêteté, votre façon d'avoir remis en place un membre du gouvernement et je partage votre point de vue. La France va mal. Aussi, si vous vouliez rejoindre le parti, vous seriez un atout de taille et un militant courageux, nous allons faire de grandes choses, retrouver la France d'avant et remettre de l'ordre. Si nos calculs sont bons nous devrions infliger une lourde défaite au gouvernement pour les européennes.

- Votre récupération politique je n'en veux pas. Des faveurs je n'en cherche pas. Je sais que le peuple vous voit comme le dernier espoir. Les extrêmes ! Le peuple se tourne toujours vers les extrêmes quand il perd espoir. Une fois de plus vous promettez des choses impossibles. Quand vous aurez récupéré le pouvoir, vous allez perdre pied, ça va dégénérer et ce sera pire qu'avant.

- Tiens... je ne l'avais pas vu venir celle-là. Vous allez certainement m'expliquer ce qui vous fait penser ça ?

- Bien sûr, vous voulez redonner du pouvoir d'achat aux français, relancer l'économie, rétablir la sécurité, stopper l'immigration, et rendre aux français la France qu'ils ont connue par le passé...

- Oui tout à fait !

- Vous n'en ferez rien. Vous ne vous attaquez pas aux bons problèmes. Vous n'envisagez pas les bons moyens. De brillantes idées mélangées à des idées destructrices. Votre vision est un fantasme et votre programme économique ne tient tout simplement pas la route.

- Pour qui vous prenez-vous, pour me parler ainsi ? Si j'avais su qu'un petit citoyen qui n'a aucune expérience de la politique et des enjeux que cela implique, serait venu me dire ça aujourd'hui, je n'aurais pas perdu de temps.

- C'est mon inexpérience qui me fait réfléchir ainsi.

- Restez à votre place, la nôtre est de sauver la France !

- Oui, je suis sûr qu'elle sera bientôt un havre de paix !...

- Facile de dire quand on ne fait rien, ce ne sera pas le cas, mais elle sera mieux qu'aujourd'hui !

- Bon courage.

- C'est ça, bonne journée !

J'accepte volontiers qu'on puisse donner sa confiance aux extrêmes. De droite à gauche ils provoquent, ils proposent, ils polémiquent, ils enivrent les foules. Ils sont espoir de changement quand la société ne répond plus aux attentes du peuple. La France ne fera pas office d'exception car la plupart des pays de l'Europe décadente devraient se tourner vers les extrêmes dans les années à venir. Mais soyons sérieux, leur nullité est affligeante.

La seule action positive pour laquelle ils sont en phase et pour le bien de l'ensemble de la population, a été de mettre fin à l'obligation vaccinale contre le covid. Sinon, combien de temps le gouvernement l'aurait-il imposée ? Et après ?

Les extrêmes ne pourront rien changer car quoi qu'ils en disent, ils incarnent le système. Ils s'y soumettent docilement.

Ils passent leurs convictions sous silence, non pas qu'ils aient changé d'avis, mais bien pour « rentrer dans le moule », avoir la place. On ne peut diriger la France en n'étant concerné que par une partie de sa population, si grande soit elle. Les extrêmes sont donc une solution pour une partie seulement, et malheureusement un problème pour tous.

Soyons honnête deux minutes. Les ennemis de la France ne sont jamais cités. De ce fait, nous, Français, ne verrons jamais notre qualité de vie s'améliorer et nous verrons toujours notre idéal français s'éloigner un peu plus. Car oui, quoi que l'on en dise, il est commun à tous les français. Il est inscrit dans notre constitution. C'est une devise : Liberté, Egalité, Fraternité dont on s'éloigne chaque jour un peu plus par leur faute. Assurément, pour remettre les choses en ordre, c'est par là qu'il faudrait commencer. S'attaquer aux véritables ennemis de la France, ceux qui entravent le bon fonctionnement du pays à savoir les médias, les politiques et la justice.

Ce ne sont pas les gens compétents qui manquent en France, mais un management qui montre l'exemple, lavé de tout scandale qui nous gangrène. Nous, le peuple, malgré toutes les crises, malgré notre qualité de vie qui baisse, mandat après mandat, malgré notre désillusion constante, nous continuons à travailler, à payer nos impôts, à suivre les lois, à empêcher que le pays ne s'effondre. Les politiques peuvent se targuer, se féliciter de bien gérer le pays. Mais personne n'est dupe. Ils tiennent les rênes mais c'est nous qui avançons ! Nous demandons plus de justice, plus de considération, plus d'exemplarité, plus d'égalité, plus de démocratie !

Ma décision est prise, je veux devenir un politicien ! Pour la France, pour l'honneur, pour nos enfants ! Contre ceux de tous bords politiques confondus, ceux qui nous méprisent et que rien n'atteint.

Pour cela je décide de commencer avec l'aide de la rue. Nous sommes à l'approche du scrutin européen et déjà les premières campagnes émergent. Jusque-là rien de nouveau, toujours les mêmes têtes, toujours les mêmes « recyclés », toujours les mêmes promesses.

Il est temps d'utiliser la cagnotte et la ferveur populaire dont je bénéficie. J'envoie des colis à des groupes de sympathisants répartis à travers tout le territoire. Leur mission est de taguer des bâtiments officiels de l'état et le sol des grandes places. Leur contenu ? Des bouteilles remplies de liquide coloré similaire à celui utilisé pour le paintball. Il n'est pas toxique, ni caustique, il est soluble dans l'eau et composé d'ingrédients naturels, biodégradables et de pigments alimentaires tels qu'on peut en trouver dans les sodas, les bonbons, les crèmes glacées etc ...

Un tag éphémère comprenant neuf mesures d'un programme pour la France qui disparaîtra aux premières pluies.

- Suppression des téléphones à l'assemblée nationale.
- Légalisation du cannabis.
- Réouverture des maisons closes.
- Rémunération du don de sang.
- Interdiction du « pantouflage »
- Combat contre la pédocriminalité.
- Egalité des salaires hommes et femmes dans le privé.

- Suppression des légions d'honneur illégitimes.
- Création de places de parking accolées aux places d'handicapés, pour les parents avec enfant en bas âge.

Une semaine plus tard...

Alors que j'essaie de m'endormir, je pense à tout ce qui s'enchaîne ces derniers temps. Je sais que la vérité dérange et qu'elle n'est pas toujours bonne à dire. Simplement je ne voyais pas de sursaut en France. Le peuple attendait l'électrochoc. Je pensais que cela allait venir d'un évènement, et non d'un citoyen, et encore moins de moi. Où tout cela conduit-il ? Je n'en sais rien. J'ai beau me remettre en question, mon combat est juste. Le fond n'est pas perverti, il n'est pas influencé par des intérêts autres que celui du bien commun. Celui du peuple français. Il est tard, demain une grosse journée m'attend, je m'endors de fatigue.

PAN-PAN-PAN,

Un bruit assourdissant au fond de l'appartement. Je me lève en sursaut et me précipite vers la porte. Mes quelques heures de sommeil ne me permettent pas un déplacement rapide. J'entends hurler « Police ouvrez !!! ». Je ne comprends pas ce qu'il se passe. J'arrive à ma porte. Pas le temps d'ouvrir, la porte, de toute sa structure, se met à trembler avec des bruits fracassants. Je crie pour dire que j'ouvre. Les coups répétés de ce qui semble être un bélier bloque le loquet que je ne parviens pas à tourner. La scène est surréaliste, expéditive. La porte cède, les cris redoublent, les lumières aveuglent. La saisie est brutale. Plaqué contre le mur puis au sol, je regarde vers le couloir où ma femme est prostrée à genoux et enlace nos enfants. Là, les policiers font preuve de plus de retenue pour les encercler, mais tout de même ! L'intervention se voulait choquante, déstabilisante, c'est réussi.

Je coopère sans hésitation. Dans ma chambre, deux coffres-forts. Je donne les clefs : des armes, de l'argent, des cartouches, un peu d'or.

Tout est mis à sac dans la chambre malgré ma coopération. Matelas retournés, éventrés, chaque vêtement méticuleusement fouillé.

Dans la cave, il y a beaucoup d'affaires, l'organisation laisse à désirer. Je déclare qu'ils ne trouveront rien ici. Qu'à cela ne tienne, tout est fouillé, en vain. Je leur recommande tout de même de faire attention aux nombreux hameçons de pêche dans le matériel de plongée pour éviter les accidents.

Après 48 heures passées en garde à vue, sans que le son de ma voix ne se fasse entendre, je retrouve la liberté. Je rentre chez moi et enlace mes proches qui me prient d'allumer la télévision.

Les informations s'en donnent à cœur joie, les spécialistes de plateaux télévision se succèdent. Ils titrent « Ce dangereux individu qui veut mettre à mal la France », « Perte de notoriété affligeante après la dégradation de biens publics », « L'usurpateur trébuche ». Ça discrédite, ça ironise, ça accuse, ça se moque. Des personnes que j'apprécie et que j'ai côtoyées jadis se prononcent en ma défaveur. Les contrôleurs fiscaux renchérissent. L'opposition, de concorde, témoigne. J'ai l'impression d'être devenu l'ennemi public numéro 1.

- Qu'allons-nous faire ?   Qu'allons-nous devenir ? Ils sont tous contre toi.

- Non pas tous ...

Deux jours plus tard...

Je reçois un appel téléphonique d'une chaine télévisée très connue me proposant un face-à-face avec l'actuel ministre de l'économie, à une heure de grande écoute. Je ne comprends pas cette prise de risque de la part du gouvernement. Cela doit être lié au sondage sorti la veille où l'opposition dépassait le parti au pouvoir pour les élections européennes. Avant de s'attaquer frontalement à cette opposition le gouvernement était obligé de régler mon cas. Pour rassembler et affronter, il faut enlever <u>l'épine</u> que je constitue dans son pied depuis le dernier face à face avec la ministre de l'écologie. Qui de mieux que le ministre de l'économie pour se charger de cette tâche ? La chose économique, principale casse-tête, où le lexique utilisé tend plus à embrouiller la personne qu'à clarifier la situation. On y ajoute souvent des statistiques où les données utilisées sont faussées. Donc ce ministre sera le mieux placé pour me rappeler que je ne connais pas tous les enjeux et que par conséquent ma prétention au pouvoir est vivement déconseillée.

Trois jours plus tard...

Ce matin il fait beau, je décide de descendre en ville à pied. Dernièrement j'ai limité mes sorties car la pression populaire est trop importante. Les gens m'interpellent dans la rue, me filment, me posent des questions intrusives sans même m'avoir salué. Je n'ai pas choisi de m'engager pour me couper du monde alors je me fais violence et m'oblige à continuer ma vie d'avant, malgré les désagréments. Le plus dur est de ne pas entrer dans une paranoïa persécutive, ce qui comblerait mes détracteurs. Néanmoins la personne qui me suit depuis cinq minutes, qui a pris soin de cacher son visage avec casquette et masque chirurgical, ne me paraît pas nette. Au détour d'une ruelle, sans passant, je l'entends accélérer le pas. Je décide de me retourner et de lui faire face. Quand elle arrive à mon niveau, dans son regard je lis ses intentions funestes. Avant de subir, j'attaque le premier, et me jette sur elle. De son bras gauche, elle dévie mon assaut en me plaquant contre le mur. Simultanément avec sa main droite, elle sort un révolver, arme le chien, et appuie le canon entre mes yeux, à la base de mon front. Instinctivement je lève les mains en l'air, vaincu j'attends le verdict.

- Tu joues à quoi avec tes histoires de politique ? Tu t'es pris pour qui ? Le trafic tu ne vas pas nous l'enlever !

La personne en question, un jeune homme, me saisit par le col et me plaque un peu plus sur le mur.

- T'as compris sale merde, dernier avertissement.

Il m'assène un coup de crosse, qui m'explose l'arcade sourcilière. Je chute immédiatement de tout mon poids pour venir m'écraser au sol. S'en suit une détonation qui m'assourdit. Le temps se contracte, les repères disparaissent. Je gis sur le sol.

Un moment plus tard, je ne saurais pas dire combien de temps, je vois des jambes devant moi, des mains se posent sur moi, et j'entends vaguement des bruits. Les gens me secouent. Je suis en état de choc. Mes mains commencent à toucher mon torse un peu partout. Je ne sens rien de spécial, cette balle n'a pas dû m'atteindre.

Viennent les sirènes puis les gyrophares. Policiers et pompiers m'entourent et me transportent à l'hôpital le plus proche.

Le soir même à l'hôpital, je mentionne sur les réseaux sociaux que tout va bien, que je ne différerai pas le rendez-vous télévisé. Alors que j'allais poser mon téléphone je décide de naviguer sur « Télégramme ». Sur plusieurs canaux vient d'être publiée une vidéo du ministre de l'économie. La scène se passe dans le salon intimiste d'un hôtel haut de gamme. En petit comité, les invités prennent un apéritif, qui semble bien festif. Un secrétaire d'état et un haut-commissaire sont à genoux les mains en prière et supplient. Tout le monde rit aux éclats sauf le ministre de l'économie plus discret qui affiche un sourire gêné. Si au début de la vidéo l'on ne comprend pas bien la scène, la suite du dialogue ne laisse place à aucun doute. On se moque de moi, et de ma capacité à tenir un débat face à un spécialiste de l'économie. On le supplie de ne pas « m'achever trop rapidement ». On ajoute, « une balle aurait été plus douce ». En entendant cette phrase le ministre manque de s'étouffer en buvant son verre de champagne, recrache le tout, il explose de rire et simule un homme pendu qui se débat.

Le soir du face à face...

- L'heure est trop grave pour perdre du temps avec la courtoisie. Alors c'est à ça que ressemble le grand révolutionnaire de la France... Mesdames, Messieurs, cet homme-là est un danger pour la démocratie, pour l'histoire de la France et l'avenir de nos enfants. Cet homme-là veut se présenter en politique pour changer les choses ? Il n'appartient à aucun parti politique, n'a aucune équipe pour mener à bien ses projets ! C'est un stratagème orchestré par l'opposition ! D'ailleurs de source sûre nous savons qu'il l'a déjà rencontrée. Il est là simplement pour nous nuire et laisser tranquillement l'extrême gagner des voix.

- Bonsoir, peut-on parler de la France ou va-t-on continuer sur mon curriculum vitae ?

- La politique c'est sérieux, il ne suffit pas de sortir des idées farfelues de son chapeau sans connaître les tenants et aboutissants et penser pouvoir prétendre à gouverner. Quel est votre projet ? Remplir les rues de prostituées et de malfrats ? C'est avec ça que vous comptez sauver la France ? Allez, soyons sérieux un instant et reconnaissez publiquement que tout ça n'est qu'une supercherie, savamment organisée, je vous l'accorde, mais une supercherie sans avenir et à laquelle il est grand temps de mettre fin.

- En ce qui concerne les maisons closes, elles ont été fermées en 1946 post guerre sur fond de moralité. En réalité il fallait repeupler la France. Si je comprends les motivations de l'époque, je dirais que cela n'est plus d'actualité car cela favorise le mauvais traitement des femmes, l'expansion de la mafia, et un grand manque à gagner pour l'état. De l'argent qui pourrait aller, je ne sais pas, dans les services sociaux par exemple.

- Alors c'est ça votre idée de génie, financer les hôpitaux et l'éducation avec la prostitution ?

- C'est une source de revenu comme une autre

- Elle est immorale !

- Parce que toutes les ressources de la France sont vertueuses ? Non ce qui est immoral, c'est que des femmes doivent travailler dehors dans la rue, sans protection sociale, qu'elles s'endettent auprès de mafias car l'état n'est pas capable de les protéger dans le pays des droits de l'homme ! Nous devons protéger ces personnes, nous devons récupérer une taxe sur le fonctionnement des établissements et légiférer. Hypocrite d'interdire le plus vieux métier du monde sur fond moral. Si des millions sont à récupérer et à injecter dans l'intérêt des citoyens, il faut le faire.

- Oui et je suppose que pour le cannabis cela va être le même registre ?

- Zone de non droit, habitants pris en otage, paix sociale achetée, économie parallèle, pauvreté engendrée, délinquance augmentée, manque de perspectives pour la jeunesse, police monopolisée. Voilà les résultats de votre engagement contre ce produit dangereux. Si c'est une histoire de moralité, dépêchons nous d'interdire l'alcool, car les dégâts qu'il cause sont dévastateurs. La réalité, c'est qu'interdire le cannabis vous permet de ne pas vous occuper d'un nombre important de problèmes. Sauf que, si on ne s'en occupe pas, on ne les résout pas, et ils finissent par s'aggraver et devenir hors de contrôle. Demain des favelas en France ? Légaliser le cannabis nous permettra de pouvoir le taxer, de reconquérir les zones de non droit, de rentrer dans les cités et de proposer un avenir différent à la jeunesse, d'utiliser nos policiers sur d'autres problèmes bien plus préoccupants comme l'insécurité, la pédophilie et les violences conjugales. En vérité si nous légalisons le cannabis, que nous réalisons un gros travail pédagogique dans les écoles, que nous améliorons les conditions de vie des citoyens, il y aura à terme moins de personnes qui en consommeront.

- Quelle blague !!

- Bon parlons d'économie.

- Avec plaisir dans un domaine aussi complexe que pensez-vous pouvoir apporter ?

- Puisque vous venez me parler de moralité, permettez-moi de l'introduire sur ce sujet. La finance fait tourner le monde, et la finance n'a pas de moralité. Pas étonnant que notre monde tourne de travers. Du bon sens dans notre économie nous permettrait de retrouver le chemin de la moralité dans beaucoup de domaines.

- Je ne sais pas d'où vous sortez mais si vous connaissez si bien les français, sachez que ce qui les préoccupe en priorité ce n'est pas la moralité mais le pouvoir d'achat.

- Pour la plupart des français, cela fait des années qu'il baisse.

- Vous ne connaissez rien des enjeux, il n'y a rien de facile dans ce domaine-là et je peux vous assurer que nous sommes les plus compétents pour gérer les finances. Nous avons mis en place diverses mesures ! Bouclier tarifaire, prime exceptionnelle de rentrée, revalorisation des prestations sociales, prime sur le partage de la valeur, remise carburant, rachat de RTT, suppression de la redevance audiovisuelle, ou encore suppression de la taxe d'habitation pour les résidences principales. L'inflation est là pour tout le monde, les Français, les Européens et tous les autres. Pour tout le monde ! Grâce aux aides de l'état, nous avons pu amortir la chute, surtout pour les plus modestes.

- La France est un pays riche. Non, la France est un pays très riche. Vous savez quelle est sa richesse ?

- Bien il est vrai que certains de nos secteurs sont riches : la construction aéronautique et spatiale, le luxe, le patrimoine, le tertiaire, la vente d'armes, le tourisme et bien d'autres.

- Oui tous ces domaines sont très rentables mais vous oubliez le plus important.

- Je ne vois pas où vous voulez en venir, dites-moi !

- Son peuple.

- Pardon ?

- Oui le peuple français, qui est le peuple le plus taxé au monde. Il est important de rappeler que quarante-six pour cent de notre PIB provient des taxes auxquelles nous sommes soumis. La France est riche de ce que son peuple lui rétrocède en vivant sur son sol. TVA, impôt sur le revenu, impôt sur les sociétés, TICPE, pour ne citer qu'une partie des recettes. Partant de ce constat tout est possible en France. Tout peut changer et tout le monde peut y trouver son compte.

- Je ne comprends pas votre raisonnement ! Oui il y a des taxes comme dans chaque pays. En France nous en avons beaucoup c'est vrai, mais vous oubliez de dire que nous sommes le premier pays au monde en ce qui concerne les prestations sociales.

- De nos jours les répartitions des taxes ne sont plus en adéquation avec notre société. La croissance est bloquée ainsi que les investissements. Le peuple s'appauvrit. Les services sociaux sont en déclin. Quelles perspectives financières nous sont proposées ?

- Comment cela ?

- D'un côté, plus vous devenez riche, plus il vous est possible d'échapper aux obligations fiscales grâce à des failles du système. De l'autre vous êtes pauvre, et là, vous bénéficiez des avantages du système sans y contribuer. Et ensuite il y a la partie qui concerne la majorité des citoyens, celle où l'on vous taxe à outrance, et année après année votre qualité de vie diminue. Vous ne nous faites pas de cadeau avec les boucliers tarifaires, les aides, et la suppression de la redevance télé. Vous faites perdurer seulement un système malsain dont la plupart des acteurs sont en apnée, en retardant une révolution. Vous le faites avec l'argent des français bien entendu, donc il n'y a pas de cadeau, il s'agit toujours d'une mauvaise gestion. Ce que vous voulez bien nous donner d'une main, vous nous le reprenez en double de l'autre. La France, année après année, continue de s'enrichir et son peuple de s'appauvrir.

Les vraies mesures seraient de rééquilibrer la répartition des richesses en fonction du travail fourni, d'inciter les gens à accéder à des emplois qui proposent de réelles opportunités d'améliorer sa condition de vie, de pousser la transparence des entreprises avec des taxes cohérentes et de créer de l'emploi en facilitant la vie des entreprises.

- Nous avons réduit le nombre de chômeurs, cela vous oubliez de le dire ! C'est donc que nous avons créé de l'emploi et des opportunités.

- Vous avez sorti les gens d'une case administrative pour les orienter vers une autre. Vous les avez statistiquement sortis du chômage, mais pas de la précarité. Avec une croissance léthargique, difficile de penser qu'on va continuer à créer beaucoup d'emplois et que le chômage va baisser. Vous faites venir des étrangers par manque de main d'œuvre, alors qu'il y a plus de 5 millions de demandeurs d'emploi, quelle logique là-dedans ?

- Je vous le répète il n'y a pas de baguette magique, vous ne connaissez rien des enjeux économiques et des arrangements avec les pays étrangers pour favoriser nos liens commerciaux. Mais puisque vous insistez, je vais vous la dire la vérité moi. Sachez que la main-d'œuvre fait défaut dans certaines professions parce que les Français les jugent trop ingrates pour les occuper.

- Il faudrait peut-être penser à améliorer leurs conditions...

- Oui c'est cela, c'est ça, bon je pense qu'on va en rester là, je m'attendais à un débat, plus au moins censé certes, mais si on commence à partir dans les utopies, dans les rêveries, cela n'a aucun intérêt.

- Comment expliquer que les métiers majoritairement occupés par des femmes aient de si mauvaises conditions de travail ? Infirmières, Aides-soignantes, secrétaires, agents d'entretien, sage-femmes, aides à la personne, caissières et j'en passe. Ce sont des emplois pénibles, indispensables, et les revendications ne sont jamais écoutées.

- Attention à ne pas faire de remarque sexiste
- Ne vous cachez pas derrière ça !
- Je voudrais bien augmenter leur salaire mais avec quel argent ? L'état voudrait bien augmenter tous les salaires, mais comment faire ? On ne peut pas faire ça !

- Qu'est-ce qui nous en empêche ? Nous ne pouvons pas le faire, parce que vous me dites que c'est infaisable ? La réalité c'est que ce sont des métiers dans lesquels le personnel ne fait pas grève, ou bien des grèves silencieuses. Donc vous accordez plus facilement des privilèges et donnez de l'argent à ceux qui sont capables de bloquer le pays ! De l'argent il y en a, il est mal géré, mal distribué, mais il y en a !

- Dans un premier temps, vous mélangez le secteur privé et secteur public. Ensuite l'état n'a pas à interférer dans la gestion des entreprises, nous sommes un pays libéral ! Après vous allez me dire que la dette ça ne sert à rien, qu'il n'y a pas besoin de la rembourser, qu'il n'y a qu'à la supprimer.

Je suis désolé mais je ne peux pas parler d'économie avec vous, vous avez trop de lacunes.

- C'est vous qui m'avez proposé ce débat. Ne me prêtez pas des propos qui ne sont pas les miens.
- Oui bien c'était une erreur, bonne soirée.

Deux jours plus tard... par téléphone.

Une amie m'envoie une photo obscène avec
en légende « ça te plaît cochon ?»

- Qu'est ce qu'il t'arrive ?
- Allez fais pas l'innocent !
- Pardon ?
- Oui regarde, attends je t'envoie par
message.
- C'est quoi ça encore ?
- Partout ton historique internet tourne sur
des groupes, regarde cette vidéo là et puis
celle qu'a fait ce youtubeur sur toi, et
regarde les photos qu'ils ont prises de toi.
- Ah, mes adversaires ne savent plus quoi
inventer !
- Oui mais regarde toutes les preuves qui
sortent. Ça a l'air sérieux.
- Bah ils n'ont que ça à faire, je ne vais quand
même pas me justifier.
- Tu ne comprends pas, même si tu démens,
c'est rentré dans la conscience des gens.
- Moi je mène ma vie de famille
tranquillement, ce qui m'intéresse c'est la
France, si le peuple a du temps à perdre
avec ça...
- Oui le peuple a du temps à perdre avec ça.
Tes opposants se sont attaqués à ton image

pour la dénaturer. Ne sous-estime pas l'impact de cette manœuvre.

- Tu sais, avant, les commentaires haineux me blessaient, maintenant je n'y prête plus attention. Alors, pour leur manœuvre de discrédit, c'est notre époque, c'est une de leurs armes, ils l'utilisent, ils commencent à montrer des signes de faiblesse.

- Comment ça ?

- Si les attaques deviennent sournoises, c'est que la peur monte.

Coup de tonnerre dans le paysage politique = dissolution de l'assemblée.

Le destin a frappé. Un individu comme moi ne pouvait pas présenter une solution concrète pour les élections européennes, en revanche pour les législatives c'est une autre histoire. Je comprends la manœuvre du Président de déstabiliser les oppositions. Là où d'autres, de par leur responsabilité ont quitté le pouvoir, lui a préféré agir ainsi. C'est dire comme le destin du pays lui tient à cœur. De facto, il ne pense pas à moi car je suis un grain de poussière sur son parcours. Néanmoins cette dissolution est ma chance pour servir la France. Je me

proposerai comme candidat aux
législatives. Seul contre tous.

10 Juin 2024 ... je reçois un coup de téléphone du bras droit de l'opposition. Il me convie le soir même dans un restaurant de la capitale.

Je me prépare dans ma salle de bain. Je prends soin de bien me coiffer. Je me parfume. Je m'habille avec un costume noir passe partout et élégant à la fois. Je vérifie que ma montre est à l'heure et je quitte mon appartement. Ce lundi soir les ruelles ne sont pas trop fréquentées. Je ne connais pas les lieux et je m'attends à un endroit sophistiqué que je n'affectionne pas particulièrement car l'ambiance peut être pesante. En marchant je me demande bien pourquoi cet homme aimerait me rencontrer. Je pensais qu'avec l'opposition l'affaire était close. Peut-être que son supérieur hiérarchique l'envoie me toiser au vu de sa possible prise de pouvoir prochaine ? Cherche-t-il à me proposer un nouveau marché ? Peu importe, quand on m'invite, je ne suis pas du genre à décliner, surtout pour parler de la France.

Arrivé sur les lieux, je découvre un bistrot authentique. J'entre. L'endroit est animé. Les clients sont heureux. Les plats défilent, apportés par des serveurs qui pressent le pas. De cet endroit chaleureux, une bonne

70

humeur communicative se dégage. L'homme qui m'attend est accoudé au comptoir, le dos courbé, un verre de whisky à la main. Il semble perdu dans ses pensée, un brin nostalgique et parait indifférent à la ferveur ambiante. Je me rapproche. Il me remarque. Aussitôt ses yeux s'écarquillent. Il se redresse, réajuste sa cravate et viens me saluer.

- Ah ! bonsoir je suis content de vous voir. Marcel ! Mon ami est arrivé, installe-nous s'il te plaît ! L'endroit vous convient ? Dans mon enfance, mes parents m'emmenaient ici. Depuis j'essaie de revenir aussi souvent que la vie me le permet.

Tout en écoutant, je suis l'homme, qui se déplace aisément. Sans interrompre son discours, il prend soin de saluer les serveurs et un grand nombre de clients qu'il connaît.

- Je me sens bien ici, mais bon, la vie d'homme politique est chronophage et cela fait un moment que je n'étais pas venu. Je suis content d'être là ! Et que vous soyez la aussi. Bref, je sais ce que vous vous dites, ça fait un peu prolo comme établissement, mais ne voyez pas ça comme un manque de respect, au contraire je ne fais pas venir n'importe qui ici.

On s'assoit autour d'une petite table circulaire pour deux personnes, en plein milieu de la salle. Les autres tables sont à moins d'un mètre, ce qui oblige les serveurs équipés de grands plateaux à zigzaguer avec dextérité. Cela ne gêne en rien mon partenaire qui continue son monologue à haute voix comme si nous n'étions que tous les deux.

- Vous allez voir, la nourriture est excellente et bien que le service soit rapide, on ne vous presse pas pour quitter la table. Je suis tout en joie. Comme vous le savez nous allons remporter les législatives, je crains de déserter encore un peu plus ce lieu à l'avenir. Pas parce que je vais faire partie de l'élite...

A ces mots, il s'arrête, éclate de rire, et reprend :

- Mais parce que je vais avoir plus de responsabilités, donc encore moins de temps ! Beaucoup de choses changent, en ce moment, pas seulement en France mais dans le monde entier et d'une manière inédite ! Prendre le pouvoir maintenant, c'est ... une grosse prise de risques ! Je tenais à vous voir car je connais votre état d'esprit contestataire et bien que nous ne partagions pas la même vision, j'ai trouvé certains de vos propos intelligents et je voulais avoir votre avis. Je sais que vous avez vu le patron il n'y a pas longtemps.

- C'est exact ; vous voulez quoi ? Des informations ? C'était une discussion privée.

- Parce que la franchise n'est pas votre seule qualité ? Je rigole bien sûr ! Vous êtes un homme de principe et c'est très bien. J'aimerais que notre conversation reste privée également.

- Alors soyez franc en retour, votre discours sur le monde, les responsabilités, très bien... Je suppose que vous ne manquez pas d'analystes, ni de dissidents autour de vous. Alors allez directement au but et dites-moi ce que vous voulez.

L'homme perd le sourire figé qu'il arborait depuis le début de notre rencontre. Il réajuste sa posture et joint ses mains. Son ton se durcit.

- Le comportement du patron a changé depuis qu'il a compris qu'il allait prendre le pouvoir. Certaines des idées que nous défendions ardemment pendant la campagne ont été abandonnées dans la foulée. Les concessions sont nombreuses. Je me suis engagé en politique avec des

convictions. Je veux améliorer la condition
du peuple français. Je commence à douter
que cela puisse être possible sans passer par
une austérité sévère. Les débats ne sont
plus constructifs. La politique a changé. Le
niveau a baissé. Maintenant il faut prendre
position sur tout. La France se divise. Les
gens sont prêts à en découdre. Avec cette
dissolution même les partis se déchirent.
Les ambitions personnelles s'exposent sans
pudeur. Etant donnée la condition dans
laquelle se trouve la population et l'état du
paysage politique, je n'arrive pas à imaginer
que les trois années qui s'annoncent se
passerons bien. Difficile de voir clair dans
ce chaos, tout le monde est engoncé dans
ses carcans. Et sorti de nulle part, vous êtes
apparu. En toute simplicité vous avez
« mouché » deux ministres, en expliquant
que la France ne suivait pas le bon chemin.
Vous n'accusez pas un parti en particulier,
mais vous expliquez que nous faisons, tous,
fausse route. Je vous le répète, j'ai trouvé
votre analyse pertinente. Si vous comptez
vous présenter aux législatives laissez-moi
vous dire que cela ne peut aboutir, vous ne
pouvez pas rentrer dans la sphère politique
en solitaire, c'est impossible ! Vue la
qualité des autres partis, je pense
sérieusement que le mien est le plus apte à
apporter une solution à la France. Par

ailleurs le peuple nous a fait confiance. Je sais que vous avez refusé de rejoindre notre mouvement !

- De me compromettre vous voulez dire ?

- Oui si vous voulez.

Il esquisse un petit sourire laissant comprendre que je suis borné. Puis reprend un air sérieux.

- Je veux votre avis sincère. Vous pensez que notre parti fait fausse route ? Expliquez-moi pourquoi en détail ?

- Très bien ça je peux le faire ! Commençons par la qualité de l'homme politique en France. Peu importe votre bord politique, quand vous parlez de la condition de vie des Français, vous abordez un sujet que vous ne maîtrisez pas. Le système qui entretient votre famille et vous-même dans des conditions favorables est celui-là même qui réduit la qualité de vie des Français. Dans ces conditions il est difficile de vous y opposer ! Il vous reste un semblant : vous défendez ce que l'on vous raconte sans le vivre.

- Oui mais nous représentons la France, cela fait partie du standing français. Dans beaucoup de pays le corps de l'état est mieux loti que le nôtre, je peux vous l'assurer.

- Pour les réceptions internationales je suis d'accord avec le standing français. Pour régler les problèmes intérieurs du pays j'émets des réserves. Employés et ouvriers qui constituent pratiquement la moitié de la population active ne sont représentés que par 6% des élus à l'assemblée. Le problème c'est que vous sortez d'une école pour élites et entrez directement en politique. Pour changer les choses et surtout en France, il faut des hommes intègres, compétents, patriotes, concernés, alors que jusqu'à présent, l'accès aux fonctions politiques est basé sur d'autres critères.

Ensuite, parlons de votre parti en particulier. Vous criez victoire mais la manœuvre politique est sournoise, rien ne garantit que vous obtiendrez une majorité aux prochaines élections. Il est clair qu'une partie du peuple vous a choisi car vous êtes le dernier grand parti à ne jamais avoir gouverné la France et que vous promettez de grands changements rapidement. Je vais vous dire deux choses qui feront que la démarche est déjà avortée dans l'œuf.

- Je vous écoute.

- Premièrement, si vous obtenez une majorité à l'assemblé vous auriez un semi pouvoir qui laisse le grand manitou aux commandes sur les sujets régaliens. Cela fait quelques années qu'il règne sans partage. L'annonce rapide de la dissolution de l'assemblée et la fixation de dates d'élections si proches laissent penser que cela n'a rien de surprenant pour lui. De nombreux appareils de l'état dont le conseil constitutionnel, de nombreuses entreprises dont les plus imposantes, sont acquises à sa cause. Après son règne, il laisse un tas de cendres, des relations délicates sur le plan international, une dette colossale, et un pays ultra divisé. Vous allez donc récupérer trois ans de pseudo pouvoir, avec de nombreux ennemis, pour tenter d'inverser le désastre dans lequel nous sommes, et tout cela sans changer la stratégie en chute depuis 40 ans. Tout cela devrait suffire à vous discréditer pour les élections présidentielles de 2027. Vous auriez certainement pris tous les pouvoirs à ce moment-là. Paradoxalement la défaite aux législatives aura été une bonne opportunité pour vous.

- Deuxièmement tant que vous restez dans l'UE votre programme est caduc. Vous mentez au peuple, tous autant que vous êtes. Votre programme, comme celui de l'opposition ne peut pas être mis en œuvre. Ce n'est pas un hasard si, quel que soit le parti au pouvoir, la même politique est appliquée depuis des décennies. Les menaces de sanctions sont nombreuses et sévères pour les pays du continent qui ne respectent pas la législation européenne. Partant de là, si vous ne voulez pas vous opposer aux traités de l'UE, ou ne serait-ce qu'ouvrir le débat, vous ne pourrez tenir aucun de vos engagements. Alors certes on vous laissera changer certaines lois, même polémiques pour assurer un semblant, mais soyez sûrs qu'elles n'auront pas beaucoup d'incidence sur l'évolution de la société. Sur les sujets importants tels que l'énergie, l'économie, l'immigration, le militaire vous n'aurez jamais la main.

Parlons de votre homologue italien qui base sa campagne sur la fermeture des frontières pour stopper l'immigration et ouvre comme jamais depuis dix ans les vannes de l'immigration de travail. Prenons le cas de l'Allemagne qui au début de la guerre envoie des casques et gilets pare-balles à l'Ukraine pour ne pas compromettre ses intérêts économiques et qui par la concordance des événements est le premier état qui envoie des chars. On pourrait parler de la Grèce, de la Hongrie, les exemples sont nombreux. Les états ne sont plus souverains en Europe. Donc pour la France la précarisation de la santé, de la sécurité, et de l'éducation ne va pas s'inverser de sitôt.

- Mais que pouvons-nous faire ? nous ne pouvons pas quitter l'UE quand même, financièrement nous ne tiendrons pas !

- Et bien moi je vous dis que l'UE ne peut pas non plus se passer de la France ! Les parlementaires européens ne pourront pas nous intimider aussi facilement qu'ils l'ont fait avec d'autres états ! Une fois qu'ils auront instauré l'euro numérique, la perte de souveraineté de la France sera totale ! Nous ne pouvons rien faire si nous restons dans l'Union Européenne et l'OTAN, nous allons subir au lieu de prendre des initiatives. Le risque de guerre est plus élevé que jamais. L'OTAN place ses nouveaux pions et nomme à des poste clefs des hommes qui ont favorisé les dernières guerres. Les pressions sont énormes.

Il est temps que la France joue intelligemment mais pour ça il va falloir des hommes de qualité aux postes à responsabilité. La France ne doit pas se couper du monde financier mais elle doit réaffirmer sa place de non alignée sur la zone internationale, la voix française indépendante ! Elle doit envisager de sortir de l'euro, car la monnaie pourrait s'effondrer dans les années à venir. Il ne faut pas être du côté des perdants ! Nos si brillantes civilisations n'ont plus le monopole de l'initiative ! Bien sûr cela ne peut se faire du jour au lendemain mais il faut commencer à faire germer l'idée. La France peut prendre son destin en main et commencer à réfléchir sur le bénéfice/risque des différentes stratégies pour assurer le meilleur futur possible. La France doit retrouver sa force créatrice, et se méfier de sa stratégie de gestion du présent ou analyser le passé qui l'empêche d'entreprendre sur l'avenir. La France doit se réinventer, en explorant de nouvelles voies fondées sur sa devise, afin d'éviter l'effondrement.

- Ok je prends note, et ce pour la France ! Toute la soirée je vous ai tenu en estime alors que je ne vous connais qu'à peine. Fort à parier que la prochaine fois que nous nous verrons, ce sera en face à face. Maintenant profitons de ces mets délicieux que nous propose notre bon pays et ne parlons plus de politique voulez-vous ? Je vais vous raconter le jour où à l'occasion d'un séjour en camp de scouts, nous avons passé la nuit, nus dans un lac ! Les pompiers nous ont retrouvés en hypothermie tôt le matin. Tout a commencé quand nous avons tapé à la porte de la mère Bérangère pour trouver un endroit où dormir...

- Bonsoir, vous faites beaucoup parler de vous ! On vous a vu confronté aux différents acteurs politiques ces derniers temps, avec une constante : la défiance et la remise en question du système actuel. Votre notoriété est grandissante dans la population française mais tout le monde vous attend sur un point. Vous n'avez toujours pas sorti de programme, en fait, vous êtes seulement un contestataire.

- Bonsoir et merci de me recevoir. Oui et c'est la raison de ma présence. J'ai soumis ce matin ma candidature pour les législatives. Je suis venu vous exposer les grands principes que la France doit adopter et les moyens d'y parvenir.

Les problèmes majeurs auxquels nous sommes confrontés auraient pu être moindres avec des mesures fondées sur <u>le bon sens</u> dans l'intérêt du peuple français. Malheureusement nous n'avons pas réussi à nous entendre, dès lors nous devons nous concentrer sur l'avenir et la société à construire pour nos enfants. Nous devons bâtir un nouveau système, celui du futur, résiliant face aux défis majeurs auxquels nous serons confrontés. Il permettra au peuple français de se projeter et d'offrir une chance aux futures générations. Il faut remettre les clefs de la souveraineté au peuple, pour qu'il soit acteur de son présent. Il a le pain et les jeux, maintenant il est temps qu'il s'empare du pouvoir.

Un nouveau système qui nous permet de garder l'esprit français, en développant nos acquis et en chassant ce qui nuit. Nous devons retrouver une crédibilité sur le plan international. Que ce soit en politique, en innovation, en idéaux, en production ; aucun secteur majeur ne doit être épargné. Il faut alléger la pression fiscale et la réajuster intelligemment afin de développer l'économie et de permettre la croissance. Nous devons modifier le paysage urbain en adéquation avec l'environnement. Les zones de non-droit doivent être reconquises. L'école doit retrouver son prestige d'antan et s'adapter au monde de demain. Il faut revaloriser les salaires des enseignants. Les ascenseurs sociaux doivent être réactivés. Notre système de soin ne doit plus être précarisé. Les aides sociales ne doivent plus être gaspillées et devront être distribuées de façon intelligente. Il faut mettre la recherche et l'innovation en lien avec une industrie cohérente. Nous allons repenser l'entreprise de demain. Désormais elle alliera compétitivité et bien être du salarié. Nous devons rétablir les frontières du pays. Liberté, Equité, Fraternité doivent de nouveaux être accessibles pour chaque citoyen français. La vie politique doit être exemplaire. Transparence et adéquation sur les projets intérieurs du pays. L'évasion fiscale doit être farouchement combattue et l'optimisation devra aller dans l'intérêt du pays. Nous ne devons plus laisser l'Union Européenne interagir sur les enjeux de souveraineté nationale. Un service citoyen doit être créé et mis en place à la fin du cursus scolaire. Les étrangers venant travailler sur le sol français doivent s'acquitter d'un devoir et d'un contrat. Le fonctionnement et l'idéologie de la justice doivent être repensés. La liberté de penser doit réintégrer l'article 66 sur le principe de l'habeas corpus. Les enfants devront être protégés. Les touristes ne doivent plus se sentir en insécurité. Nous devons devenir leader mondiale sur le traitement de nos déchets. Les positionnements éthiques de la république doivent être approuvés par référendum. Plus aucune cité, zone, ou territoire ne doit être délaissés, ainsi nous devons garantir santé, éducation, protection, travail, à chaque citoyen français. Le vote citoyen doit être davantage sollicité. Peut être sous forme de référendum, d'initiative populaire ou citoyenne encadrée par un nombre important de signatures et ne pouvant être utilisé qu'un nombre limité de fois. Péage, transport, carburant, voies d'acheminement, eau doivent être partiellement récupérés par l'état pour réguler sa balance économique et ses initiatives sur le marché. Les prix de l'électricité et des péages doivent significativement baisser. En revanche nous devons privatiser certains secteurs, notamment dans l'administration. Notre manière de consommer doit évoluer. Il faut réduire les inégalités dans les DROM-COM. Le système carcéral doit être révisé. La justice appliquée. Les médias doivent changer de visage et la programmation télévisuelle être repensée. De nouveaux ministères doivent être crées, d'autre fusionnés. Nous devons rattraper notre retard sur le numérique. Il faut réduire urgemment le déficit public et la dette. La France doit retrouver le chemin de l'honneur.

Nous devons quitter la société présente pour construire celle de demain.

- On peut dire que vous avez pensé à beaucoup de choses, cela est un peu confus, ça part dans tous les sens. Vous dîtes souvent il faut, on doit ! Comment comptez-vous transformer le paysage français ? Vous pensez que le peuple est prêt à tous ces changements ? Vous pensez qu'on en a la capacité, que nous avons les ressources pour réaliser tout ça ?

- Tout est réalisable ! Ce qui compte et vous l'avez souligné, c'est : de quelle manière ? Falloir et devoir, c'est rébarbatif j'en conviens, mais vital pour la France et son peuple, alors j'espère que vos auditeurs seront compréhensifs sur la pauvreté de mon lexique ! La première transformation doit être opérée sur le visage politique français. C'est capital ! Le peuple doit retrouver la confiance dans ses élus. Pour cela, il faut soumettre les parlementaires à des tests réguliers et aléatoires de dépistage de stupéfiant. Les téléphones doivent être supprimés à l'assemblée nationale. Pour les députés un temps de présence minimum à l'assemblée sera imposé, leurs déplacements se feront en transports en commun. Les politiques impliqués dans des affaires judiciaires, devront être suspendus temporairement le temps que la justice se prononce. Une enquête externe se tiendra au préalable pour savoir s'il y a assez d'éléments qui le permettent. La cour de justice de la république devra être supprimée. Le salaire et les avantages des parlementaires doivent être revus à la baisse. Le vote des lois doit être anonyme à l'assemblée. Le parrainage des maires lors des élections présidentielles doit être anonyme. L'homme politique devra justifier de six mois de service citoyen supplémentaire par rapport à un citoyen lambda. Les commissions d'enquêtes parlementaires sur la souveraineté nationale doivent se multiplier et avoir une haute visibilité dans le débat public. Un parallèle doit être établi entre les rapports des commissions d'enquête et les lois proposées à l'Assemblée nationale. Les élections législatives ne devront plus avoir lieu à la suite de l'élection présidentielle mais devront se dérouler au milieu d'un quinquennat. Elles doivent respecter la règle de la plus forte moyenne permettant la représentation proportionnelle. Les légions d'honneur ne doivent plus être distribuées comme des bonbons et ceux qui n'en sont pas dignes doivent les restituer. La vie politique sera considérée comme une abnégation envers la nation, et les carrières privées a postériori seront proscrites. Il faut doubler les postes de préfets en nommant une personne native de la région ou du département. Il faut destituer les hauts fonctionnaires qui participent à la déchéance de la France. Le Conseil constitutionnel ne doit plus avoir le « dernier mot » en fonction de la gravité de la situation ! Il faut créer une quatrième chambre appelée « le Conseil des 100 ». Celle-ci sera composée de magistrats, d'historiens, de militaires et de professeurs, tous retraités, au nombre de cent. Ils représenteront le dernier rempart du peuple. Cette chambre ne devra intervenir qu'exceptionnellement en cas de crise majeure qui pourrait déstabiliser les valeurs de la république.

Concernant l'éducation, les crèches et écoles maternelles ne pourront pas diffuser du contenu audiovisuel. La présence ne sera plus obligatoire les après-midi en maternelle. Chaque école primaire disposera d'un potager sur place ou accessible, milieu urbain compris. Des cours de jardinage et de respect de l'environnements y seront dispensés. L'effectif des classes ne devra pas dépasser 15 élèves. Nous devrons également reboiser les cours de récréation. Seront intégrés des grands chapitres d'amour, de paix et de respect en enseignement moral et civique. Les enfants devront être sensibilisés au respect de l'intimité qui leur est due dès le plus jeune âge. Les réseaux sociaux ne pourront pas être accessibles aux enfants de moins de dix ans. Les critères concernant l'enseignement à distance devront être assouplis.

Dans les collèges l'uniforme devra être obligatoire. Les temps de cours seront réorganisés, les cours de sport seront valorisés et dispensés trois après-midis par semaine. Les enseignements fondamentaux se feront le matin, et une heure en fin de journée sera dédiée pour moitié à l'intervention de corps de métier et pour l'autre moitié à l'apprentissage de travaux manuels. La pédagogie d'apprentissage des langues vivantes doit être ludique, immersive et axée sur des sujets qui intéressent les jeunes. On utilisera un maximum de produits de proximité et de saison en restauration. Les classes doivent être modernisées. Des nutritionnistes doivent intervenir régulièrement auprès des élèves pour les orienter vers les bonnes habitudes alimentaires à adopter. Il faut supprimer pro-note ! Dès l'âge de 13 ans il sera possible de travailler dans un cadre spécial durant les vacances scolaires.

Dans les lycées, l'apprentissage de deux métiers dont au moins un manuel sera encouragé. Il faut ouvrir une voie manuelle à ceux qui choisissent un parcours intellectuel.

Un service citoyen de six mois sera effectué en partenariat avec l'armée dans des camps militaires dédiés dès la fin du cursus scolaire. Il sera axé sur deux grandes thématiques. Le civisme comportera des enseignements sur la vie active, l'entretien d'une maison, la gestion des finances, la conduite de tout type de véhicules.

Le patriotisme portera sur des sujets aussi divers que la géopolitique, le maniement des armes, mesures de sécurité, gestes d'urgence, création d'un pack de survie etc.

Par la suite, à partir de 18 ans et jusqu'à la retraite une journée annuelle consacrée à la fraternité devra être mise en place.

Parcoursup devra être repensé et permettre de trouver une solution appropriée à l'étudiant selon ses souhaits et ses capacités.

Les universités devront bénéficier d'une technologie plus moderne et une vie étudiante plus attractive.

Il faudra valoriser financièrement la fonction de chercheur. Un troisième grade doit être créé à mi-chemin entre celui de chercheur et d'enseignant-chercheur avec moins de contraintes, moins d'heures de cours imposées. L'accueil en délégation par le CNRS des enseignants-chercheurs pour se consacrer à un projet de recherche devra être facilité et allongé. Enfin il faudra faciliter la mise en place de projets concrets au sein de la société et de l'entreprenariat.

Toutes les salles de classes devront avoir accès à la climatisation et être modernisées. Cela devra s'effectuer dans une démarche responsable en faveur de l'environnement. Tous les établissements scolaires auront un toit équipé de panneaux solaires et des poubelles de tri accessibles dans les cours de récréation.

De la maternelle aux études supérieurs, les élèves devront suivre un cours de communication, une heure hebdomadaire, chaque semaine, chaque année !

Si les élèves réussissent leurs études en enseignement supérieur, une partie de leur frais devra être remboursée.

Dans le secteur de l'économie, les démarches administratives pour les demandeurs d'emploi devront être simplifiées et l'indemnité attribuée en moins d'un mois. Les règles d'attribution devront prendre en compte l'âge. Pas d'allocation chômage possible avant 25 ans, 6 mois d'indemnisation de 25 à 35 ans renouvelable 3 fois au maximum. Le plafond maximal ne doit pas dépasser 220 euros brut par jour. Les fraudeurs doivent être automatiquement débusqués. Les CPF ne doivent plus être utilisés comme à présent, les escroqueries empêchées. Il faut supprimer le regroupement familial au profit d'un programme plus encadré. L'état doit réduire les prélèvements sur les successions. Les commandes de matériel effectuées par des entités du service public doivent favoriser les entreprises françaises dans les domaines où la qualité est en concurrence. Il faut surtaxer le milieu de la publicité. Les entreprises qui n'ont pas de souveraineté étatique ne doivent plus être renflouées par la caisse de l'Etat. Baisse forfaitaire de la CSG. La TVA doit être entièrement repensée. Elle doit être réduite sur les produits alimentaires français pour les maintenir en concurrence avec les produits étrangers. Cette baisse doit se faire directement au profit des agriculteurs français et de la santé du consommateur. Les taxes doivent être réduites pour les entreprises afin de relancer l'économie. Les fraudes en tout genre doivent être farouchement combattues et des moyens importants doivent être mis en place pour récupérer le manque à gagner. Il faut modifier les lois fiscales qui permette l'évasion et sans cesse les renouveler. Les budgets des collectivités doivent être augmentés avec des objectifs de valorisation du patrimoine et d'amélioration de la qualité de vie des citoyens. Le smic doit être augmenté et l'allocation de chômage ne doit plus pouvoir le concurrencer. Les lois qui régissent le contrôle sur l'argent liquide doivent être assouplies. Les impôts des entreprises qui composent le CAC 40 doivent être majorés, leur bilan fiscal plus transparent, l'optimisation mieux régulée. Il faut contrôler les flux de capitaux. Il faut s'attabler avec l'oligarchie française. Il faut négocier avec ses membres et stopper l'évasion fiscale. Être cohérent sur les propositions, ferme sur les débouchés. Belgique, Monaco, Andorre, malte, Luxembourg, Iles caïman, et j'en passe... c'est fini. Dans un intérêt commun, il faut rapatrier les affaires financières, en France ! Cela doit se faire sur les 10 ans à venir. La française des jeux doit être nationalisée. Les gros lots doivent être soumis à imposition. L'état doit inciter les banques à investir dans les cryptomonnaies afin de pouvoir garder un contrôle minimum. Une partie de l'or présent dans la réserve nationale doit être valorisée. Le détail des coûts induits pour chaque citoyen, au cours de l'année, doit être connu lors du paiement des impôts. Un impôt spécial pour les ressortissants français vivant à l'étranger doit être créé. Il faut augmenter le temps de travail des fonctionnaires à 39 heures, hors éducation, créer une classe particulière pour les métiers éprouvants de la fonction publique, ceux de la police, de la santé et du secteur social ainsi que de l'éducation. Il faut améliorer considérablement les salaires. Un agent doit pouvoir subvenir aux besoins de sa famille avec son conjoint à temps partiel. Les fonctionnaires dans l'administration qui partent à la retraite ne doivent pas être systématiquement remplacés et ainsi nous pourrons diminuer leur nombre. Il faudra attendre un délai de

3 ans de présence sur le territoire français pour bénéficier d'aides financières et remplir certaines conditions. Les personnes en arrêts maladie à long terme, doivent au bout de 2 ans être orientées sur un autre métier mieux adapté. Il faut imposer aux assurances l'obligation d'indemniser plus rapidement les victimes de sinistres. Il ne doit plus y avoir d'exonération d'impôt, tout le monde doit participer aux dépenses publiques même à minima. Il faut sortir du marché de l'union des capitaux. Les nouveaux investisseurs de la dette doivent à 60% être français.

En ce qui concerne les mesures de notre système de santé et le volet social, on imposera que les piluliers soient préparés par les pharmaciens et que les médicaments soient vendus au détail. Lors d'une visite chez le généraliste, l'ordonnance délivrée devra être automatiquement transmise à une pharmacie au choix du patient. Les cabinets infirmiers, de kinésithérapie, et médicaux doivent se trouver au rez-de-chaussée ou avoir un accès mécanisé. Il faut augmenter d'un tiers les effectifs du personnel paramédical dans les services atteignant un remplissage de plus de 90% sur l'année. La rémunération des pompiers volontaires doit être augmentée ! La prévention doit encore augmenter afin d'éviter les retards de prise en charge. Des cours de premiers secours doivent être dispensés dès l'école primaire et jusqu'à la fin du parcours scolaire. L'enchaînement des examens médicaux doit être automatiquement organisé et rapide. Les repas ne doivent plus être pris en charge par les caisses à l'hôpital. Les EHPAD et maisons de retraite doivent accueillir des animaux de compagnie et on encouragera la mixité générationnelle par des visites régulières d'écoliers. Les profits des structures privées doivent être plafonnés et des contrôles de bien être des résidents réalisés. Il faut allonger la formation des aides-soignants et des infirmiers pour leur donner la possibilité de monter en compétences, d'avoir plus de responsabilités et de réaliser plus d'actes. Une aide financière devra être allouée aux femmes allaitantes. Une politique qui incite à l'allaitement doit être mise en place dans les maternités. Un pack de bienvenue pour chaque nouveau-né comprenant quelques accessoires essentiels et un manuel de conseils pour les parents, doit être fourni par l'Etat. Le sang doit être considéré comme un « organe » spécial étant donné sa régénération rapide. Le mal de dos touche environs 70% de la population adulte et est à l'origine de près de six millions de journées de travail perdues, soit 30 000 emplois à taux plein, près d'un demi-milliard d'euros de cotisations sans les coûts indirects et cela chaque année ! Il faut donc généraliser l'usage des exo squelettes pour tous les métiers éprouvants physiquement, renforcer la prévention et sensibiliser tout le monde aux bonnes manœuvres de manutention régulières. Les foyers d'enfants doivent être en contact permanent avec d'un service d'urgence, en lien avec l'Aide Sociale à l'Enfance, une équipe mobile qualifiée pour intervenir chez les assistants familiaux. Les Maisons d'Enfant à Caractère Spécial, doivent exister dans chaque département. Le projet de vie de chaque enfant doit être plus encadré et les chances de réussir favorisées. Il faut légiférer sur la mise en place de l'accès à des assistants sexuels pour les handicapés. Les éducateurs « spé » et les moniteurs ne doivent plus distribuer de médicaments. Les éducateurs de la Protection Judiciaire de la Jeunesse doivent avoir un accès privilégié à certaines professions : infirmiers, psychiatres, et assistants sociaux. Les centres d'hébergement d'urgence doivent être encadrés, l'alcool et les stupéfiants interdits et un service d'ordre doit être renforcé. En nocturne dans les établissements sociaux, les surveillants ne doivent plus être livrés à eux même. Un test de réflexes devra être proposé aux personnes de plus de 85 ans qui souhaitent conserver leur permis de conduire. En cas d'inaptitude des solutions seront envisager. Les logements accueillant des enfants en bas âge doivent être en conformité avec la sécurité pour les prises électriques et les produits ménagers. Les contrôles sanitaires dans les restaurants doivent être simplifiés et plus répandus. Tous les bars et restaurants doivent proposer des apéritifs, spiritueux et bières sans alcool. Il faut interdire l'utilisation des nitrites dans les produits alimentaires. Le guidage audio doit fonctionner dans tous les transports en commun pour faciliter le trajet des mal et non-voyants. La PAM, service de mobilité, doit être élargie à toute les grandes villes, gratuite et utilisable deux fois par semaine. L'argent qui dort sur le compte Association de Gestion du Fonds pour l'Insertion Professionnelle des Personnes Handicapées doit être utilisé pour aménager le domicile des personnes concernées. Individuellement, chaque personne en situation de handicap lourd, doit bénéficier d'un parcours de vie sur mesure pour faciliter l'insertion professionnelle. Les bénéficiaires de l'Obligation Emploi de Travailleur Handicapé doivent être assistés par un service de qualité pour leurs démarches administratives. Les employeurs de personnes handicapées doivent construire un parcours professionnel avec des objectifs adaptés. Les plages doivent être accessibles aux personnes handicapées en installant des infrastructures appropriées. Il faut privilégier les placements familiaux et accueillir les patients psychiatriques dans des lieux proches de la nature bénéficiant d'un encadrement médical renforcé en cas de nécessité. Il est fondamental d'augmenter le nombre d'Accompagnants des Élèves en Situation de Handicap (AESH). Il est impératif de résoudre le problème de la pénurie de place dans les cimetières. Il faut dédommager financièrement et former brièvement les personnes qui gardent à domicile leurs proches atteints de pathologies lourdes et chroniques.

Concernant la sécurité intérieure du pays, il faut légaliser le cannabis avec des règles strictes. Nous devons réinvestir les zones de non droit avec le soutien de l'armée si nécessaire. Le temps de formation des policiers municipaux et des gardiens de la paix doit augmenter et le champ de leurs compétences doit être élargi. Les outrages devront être systématiquement réprimandés. La police de l'environnement doit être renforcée et son champ d'action plus vaste. La justice doit collaborer avec les forces de sécurité et les peines doivent être appliquées. Les personnes « OQTF » ayant commis des délits doivent purger leur peine de prison en France et seront reconduites dans leur pays d'origine à leur sortie.

En ce qui concerne les médias, les journalistes qui diffusent des informations non vérifiées et qui se révèlent mensongères et orientées pourront être passibles d'une amende. Cette sanction devra être facilitée. Les grands journaux devront intégrer une part minimum de nouvelles optimistes dans leurs éditoriaux. Une chaîne nationale de média alternatif doit pouvoir être proposée. Une coupure télévisée nationale de 4h hebdomadaire devra être proposée et pourrait avoir lieu en soirée. Un individu ou des entreprises qui lui sont rattachées ne pourront pas posséder plus d'un média télévisé, numérique et papier. Les aides directes et indirectes à la presse doivent être entièrement repensées.

Je ne suis pas choqué par des propos qui nous démontrent que l'Irak avait des missiles de destructions massive, que le vaccin contre le covid empêche la transmission du virus ou que la contre-offensive des Ukrainiens au printemps 2023 irait jusqu'à Moscou. Ce qui me dérange, c'est que ceux qui n'approuvent pas cette pensée unique soient discrédités, ridiculisés, pourchassés pour trahison. Il faut libérer la parole médiatique et permettre que les terroristes intellectuels ne soient plus les seuls autorisés à s'exprimer.

Le bien-être animal devra être contrôlé par des sociétés publiques. Des équipes spécialisées pourront se déplacer dans les structures accueillant des animaux. Les contrôles du respect de l'animal devront être réguliers et inopinés. Le gouvernement devra s'appuyer sur le travail des associations déjà à l'œuvre. Elles devront certifier le bien-être animal selon certains critères que nous devons définir. A terme la volaille ne devra plus être élevée en cage. La superficie pour les porcs dans les élevages devra être augmentée à 1,80 m2 par animal pour un poids vif de 100kg. Les produits cosmétiques testés sur les animaux doivent être surtaxés, ainsi que les fourrures dans le textile. La présence d'animaux sauvages dans les cirques devra être interdite sur tout le territoire. Les zoos doivent recevoir des subventions conséquentes de l'état afin d'augmenter l'espace vital de chaque animal. La mise à mort dans les abattoirs doit être améliorée.

Dans le domaine de l'écologie, il faut dès aujourd'hui procéder à des changements simples comme éteindre les lumières des enseignes la nuit, restaurer les canalisations des réseaux d'eau, augmenter la part du local dans notre alimentation, généraliser la construction d'urinoirs dans les logements, allonger les dates limites de consommation. Il faut ouvrir à la prospection, le gaz et le pétrole de schiste en France. Les voitures thermiques ne devront pas être interdites en 2035, en revanche il faut chercher des moyens de substitution au carburant conventionnel, qui pourraient être utilisés à grande échelle. Nous devons stocker la production d'électricité intermittente des énergies renouvelables dans des circuits fermés comme les batteries à gravité, batteries sodium-ion, batterie lithium fer phosphate, ou des enroulements béton de façon efficace. Les gros bateaux doivent fonctionner à l'électricité lorsqu'ils sont amarrés. Les compagnies aériennes ne doivent plus faire voler leurs engins à perte pour ne pas perdre leurs places sur le marché. Chaque ville doit disposer d'un jardin partagé. Les nouveaux panneaux photovoltaïques doivent être implantés sur les toits des bâtiments et non dans les espaces naturels. Il faut progressivement passer de l'agriculture intensive à une agriculture de proximité.

Etant donné que nous possédons le deuxième domaine maritime au monde, et que notre planète est une boule bleue, si nous voulons promouvoir l'écologie, nous devons l'envisager comme la priorité. Nous devons considérer l'espace maritime comme un usufruit, nous devons le préserver et l'entretenir. Un quart de nos eaux doivent devenir parc naturel et un huitième réserve maritime pour une durée de cinq années. Au bout de ce quinquennat, les lieux préservés doivent changer, et cette permutation ne doit jamais s'arrêter. Des périmètres précis considérés comme sensibles doivent rester réserves sans limite de temps. Cette répartition doit se faire de manière équitable afin de ne pas léser les exploitants maritimes. A court terme ils en tireront profit.

Notre seconde priorité sera le tri de nos déchets afin de les transformer et de les réinjecter dans le circuit. Il faut améliorer toute la chaine. Il en va de nos valeurs et de notre résilience. Les conteneurs poubelles pour le tri sélectif doivent être multipliés. Ils doivent être accessibles dès la sortie des immeubles accueillant au moins dix familles. Leurs ouvertures doivent être agrandies afin de faciliter le dépôt des déchets. Chaque espace de tri doit être mis sous vidéosurveillance. La police de l'environnement doit être renforcée. Des contraventions doivent être quasi-systématiques pour le non-respect du tri, pour les mégots et poubelles jetés dans l'espace public. Il faut élargir le tri jusqu'à faire disparaitre nos sacs poubelles noirs. Les centres de tri doivent considérablement se développer et leur efficacité augmenter. Chaque déchet doit être recyclé. Les entreprises utilisant les produits recyclés bénéficieront d'un abaissement des taxes. Nous devrons ainsi par des aides financières, les inciter à avoir une hygiène de fonctionnement cohérente.

L'électroménager facilement réparable sera privilégié sur le marché français. Il faut considérablement réduire l'enfouissement de nos déchets. La plupart des composants devront trouver une seconde vie sur le marché. Il faut arrêter l'éolien à grande échelles et privilégier cette technologie dans l'habitat personnel ou communautaire. Les décharges illégales doivent être nettoyées.

L'éducation de la population et des futures générations aux enjeux du respect de l'environnement devra bien entendu être au centre de l'attention. Bien que cette solution soit la plus efficace, les répercussions ne seront effectives qu'à long terme.

La justice ne peut échapper à une remise en question. Je vais rester discret sur les changements que doit opérer ce pouvoir, car en l'état, je ne suis pas de taille. Néanmoins il est clair que les victimes de violences conjugales, de pédophilie, de squattage, d'actes de délinquance, de viol, de harcèlement, d'escroqueries, doivent enfin trouver une réponse de la justice qui sera à la hauteur des préjudices subis... Que les personnes, qui portent atteinte au système, au peuple et aux institutions soient enfin traduites en justice et mises hors d'état de nuire ! Les attaques physiques ou verbales à l'encontre des fonctionnaires doivent être rapidement et automatiquement réprimandées.

Il faut changer le système pénitentiaire actuel qui n'est pas satisfaisant. Il rend la réinsertion difficile et défavorise bien souvent le devenir du détenu.

Les prisonniers doivent travailler cinq matins par semaine, l'après-midi doit être consacré au sport ou à la ré-créativité. Un contrat entre l'établissement et le prisonnier doit être établi sur ces activités, un aménagement de peine pourra être proposé si respect de ces closes. Le coût de l'incarcération d'un individu doit être réduit. Le cout de gestion des bracelets électroniques doit être réduit. La prise en charge médicale doit être renforcée. Les jeunes de 18 à 23 ans ne doivent pas être incarcérés avec les autres détenus. Des prisons spéciales doivent être créées pour favoriser principalement la réinsertion. Il est impératif de résoudre le problème de la surpopulation carcérale. Les accessoires de toilettes et les produits d'hygiène doivent être fournis par l'état. Il faut faire la chasse aux téléphones, aux substances toxiques et à l'alcool de manière sérieuse. Un corridor autour des prisons doit être mis en place pour empêcher les parachutages. Les centres d'hébergement et de réinsertion sociale doivent travailler en partenariats privilégiés avec des entreprises afin de faciliter la réinsertion.

Les pédophiles ne doivent plus couler leur peine dans des prisons confortables. La castration chimique doit être envisagée pour les violeurs et pédophiles. Les pédo-criminels isolés doivent être mis hors d'état de nuire et les réseaux démantelés.

Il faut créer une prison plus sévère que les autres, pour incarcérer et sortir définitivement de la société les personnes qui ont commis des atrocités : pédophiles multi récidivistes, tueurs en série, terroristes etc ...

Les salaires des gardiens de prison doivent être augmentés, pour qu'ils ne soient plus tentés par la corruption, ils doivent travailler en lien étroit avec la police afin de ne plus pouvoir subir de pression.

Dans le domaine entrepreneurial ! Beaucoup de candidats pendant la dernière campagne présidentielle ont dénigré les entreprises, les accusant de malhonnêteté et de réaliser de superprofits. Dans l'ensemble ces candidats proposaient de leur infliger encore plus de contraintes. Chaque personne qui a créé une entreprise en France sait à quel point il est difficile de la faire prospérer. Là où l'état est défaillant, c'est bien, sur les entreprises, qu'il faut compter pour un futur meilleur. Il faut créer l'entreprise française de demain. Elle sera basée sur un rapport gagnant/gagnant à tous les niveaux de la hiérarchie et permettra à la France de s'élever. L'entreprenariat en a les moyens, à la condition que l'état ne le camisole plus.

Les taxes sur les sociétés doivent être réduites, c'est indéniable. Le « bouquet restant » doit être adapté en fonction de la politique de l'entreprise. Elle devra mettre à égalité salariale hommes et femmes. Ce coût supplémentaire doit être déduit des taxes. La différence entre le coût de ce qu'un employeur paye et la somme que l'employé reçoit doit diminuer de moitié. Cette moitié non prélevée sera divisée en deux parts, une pour l'entreprise, une pour le salarié. De cette façon on augmente le pouvoir d'achat, on favorise la consommation, l'embauche, la création. Le manque à gagner de l'état sera récupéré sur la croissance.

On fixera des objectifs différents selon la taille des entreprises. Si elles les atteignent, elles pourront bénéficier d'avantages fiscaux.

L'égalité salariale homme/femme et un effort en faveur de l'environnement seront exigés pour toutes. Pour les moyennes, on ajoutera l'obligation de créer des potagers partagés et l'amélioration de la Qualité de Vie au Travail.

Les grandes entreprises, devront en plus, créer des crèches, organiser des transports en commun pour que les salariés puissent aller travailler en groupe.

Il faut réduire considérablement l'accumulation des règles, des demandes d'autorisations, qui empêchent d'entreprendre, de créer voir de subsister. Les démarches administratives devront être simplifiées. Les bilans comptables doivent être réalisés deux fois dans l'année, et l'entreprise devra payer ses charges durant l'année en cours. Les six premiers mois seront calculés sur un prévisionnel pour les jeunes entreprises qui devront étudier le marché. La création d'entreprise par un entrepreneur novice ou qui a connu la faillite, devra être soumise à la validation d'une formation en fiscalité.

Les exonérations d'impôts des entreprises étrangères doivent passer de 5 ans à 3 ans pour tout nouveau contrat avec la France. Elles devront se soumettre aux nouvelles politiques de bienveillance. Les contrôles fiscaux doivent être plus nombreux, les évasions impossibles et l'optimisation doit aller en faveur des employés afin d'abaisser les taxes.

Le paysage urbain en général et le logement en particulier doivent être transformés. Chaque nouvel immeuble sera doté d'un toit végétal et les habitants en seront responsables. Des systèmes de récupération d'eau doivent être mis en place afin de faciliter cette tâche de façon autonome. Les cours de récréation doivent être arborées. Les zones végétalisées doivent être plus nombreuses en milieu urbain. Des parkings de grande capacité doivent être créés aux abords des villes. Des navettes régulières doivent faciliter l'accès des centres depuis ces parkings. Pour les nouvelles constructions, les différents matériaux utilisés doivent être choisis selon un cahier des charges évolutif. L'esthétique des nouveaux bâtiments devra être considérée dans les priorités. Les mairies n'auront plus de pouvoir sur ce point-là. Chaque zone qui n'est pas végétalisée et qui n'a pas d'utilité doit être valorisée. Les grands ensembles laissés à l'abandon devront faire l'objet de projets de réhabilitation. Les propriétaires de plusieurs biens immobiliers devront en louer une partie, à l'année, afin de lutter contre la crise du logement et rouvrir le marché de la location longue durée.

Des artistes de rue doivent être sollicités pour aiguayer le paysage urbain. Voies ferrées, poubelles, centres-villes, doivent être embellis.

L'immigration souhaitée doit corréler avec des capacités d'accueil adaptées.

Il faut moderniser et dynamiser les cités universitaires.

Les voies d'accès pour handicapés doivent être multipliées. Des places de parking pour les parents avec enfant en bas âge doivent être proposées.

Il faut que tous les passages piétons hors agglomération soient recouverts de peinture fluorescente. Les feux de circulation orange doivent comporter un décompte. Les « priorités à droite » doivent être supprimées à la faveur de « céder le passage ».

La destruction des nuisibles dans les habitations hors fourmis et cafards doit être prise en charge par l'état.

La voix de la France peut se faire entendre avec un message réaliste de paix. La France peut continuer à vendre des armes comme un marchand mais ne doit pas favoriser ce commerce lors de conflit pour influencer un camp ou un autre. La France doit sortir de l'OTAN ! Elle n'a pas besoin d'un tiers pour se défendre et peut assurer sa protection elle-même. Elle n'a pas d'ennemi. Elle est souveraine de son arme nucléaire, elle a de bonnes relations aux frontières, et ne rejette aucun peuple. Elle se défendra si la nécessité l'oblige, elle a tous les moyens de le faire. Elle doit chercher la médiation dans tous les conflits. Elle doit réinvestir son réseau diplomatique. Elle doit se concentrer sur l'économie. Il faut s'attaquer aux ingérences étrangères, même à celles de nos « alliés ». Pour les années à venir l'armée doit se robotiser en high et low tech à grande échelle.

Les pays hostiles à la France doivent comprendre que sa politique étrangère n'a jamais été la volonté propre du peuple. En revanche le peuple français, fort de son expérience, a beaucoup à apporter, en termes de technologie, d'infrastructures, de défense, et d'organisation et souhaite dorénavant s'engager dans des rapports gagnants/gagnants.

Maintenant je voudrais attirer votre attention sur un point crucial à mes yeux. Si la troisième guerre mondiale éclate un jour, la jeunesse en perte de valeur, notre situation financière, ou même les changements climatiques seront les dernières de nos préoccupations. Je vous assure qu'au vu de l'instabilité géopolitique grandissante, ceci n'est pas de la fiction. Autre chose : je peux vous garantir que si cette calamité devait arriver, les responsables d'une telle décision, n'auront jamais les armes à la main. Ce sera le prix à payer des peuples qui n'ont pas réussi à s'emparer du pouvoir. Soyons très vigilants sur la perte de pouvoir ou alors les démons d'un passé pas si lointain pourraient ressortir, et certaines personnes influentes y sont favorables.

Ne cherchons pas à justifier quoi que ce soit. La guerre c'est le chaos, les larmes, la folie, la torture, la mort, un point c'est tout. Le peuple français n'a pas besoin de prendre position sur le conflit israélo-palestinien, sur ceux d'Ukraine-Russie ou Chine-Taiwan ! Quand le soir venu, que les bombes pleuvent qui parmi nous pourrait venir faire des leçons de morale à l'enfant apeuré qui va rejoindre sa mère ? C'est toujours le peuple qui souffre. Alors, ayons un peu de retenue sur nos positions que nous exposons publiquement à outrance !

Dans un pays qui aspire à des principes éthiques, la démocratie doit être valorisée avant tout. Seul le peuple doit pouvoir se prononcer sur des sujets en lien avec la moralité et l'évolution des mentalités. Chaque citoyen doit être informé des avantages et inconvénients des mesures proposées. Ainsi le référendum doit être proposé de manière régulière. Les sujets à soumettre sont variés. Faut-il autoriser les signes religieux dans la police et la santé ? Doit-on interdire la corrida ? Doit ont légaliser l'euthanasie ? Doit-on supprimer le droit du sol ? Le peuple et seulement le peuple doit pouvoir décider de son devenir !

Il faut créer un ministère de la cyber sécurité en lien direct avec la police et l'armée, des équipes pédagogiques se déplaceront dans les entreprises pour la « cyber hygiène ».

Dès l'école primaire, des cours de sensibilisation à la protection de la propriété virtuelle et individuelle et des dangers encourus, devront être dispensés.

Ce ministère devra défendre les Français et devra traquer les pédophiles et les escrocs en tout genre. Il faut proposer un salaire avantageux aux agents de la fonction publique, des moyens « dernier cri » en high-tech.

Ce ministère pourra avoir des liens privilégiés avec les entreprises privées françaises qui ont des projets cohérents sur la notoriété numérique et défensive française.

Enfin l'apprentissage des langues régionales doit être proposé aux élèves dès le primaire. Les sorties scolaires donneront l'occasion de découvrir le patrimoine local en priorité.

Je crois avoir parlé de tout ce qui me semblait primordial. Il reste évidemment de nombreux sujets à aborder mais je ne peux pas tous les évoquer en une soirée...

- Et bien merci, vous avez quand même abordé un nombre important de sujets. J'aurai plaisir à vous réinviter dans mon émission.

- Merci à vous bonne soirée.

13 Juin, une heure du matin, mon téléphone sonne...

- Ne te présente pas, tu dois te désister dans cette circonscription sinon tu donneras un avantage à l'opposition !

- Qu'est-ce que vous avez à me proposer si j'accepte ?

- Nous pouvons te proposer un poste de secrétaire d'état avec un très bon salaire ; le travail n'est pas trop épuisant selon la branche. Tu disposeras d'un bureau, d'une secrétaire, d'un accès privilégié à tous les services.

- Et si je refuse ?

- Tu n'es pas en position de refuser, c'est déjà une fleur que nous te faisons car tu n'es personne, dans ce cas-là tu pourrais avoir de sérieux problèmes.

- Je vais y réfléchir.

Au pied de mon immeuble, alors que je rentre chez moi, j'aperçois un attroupement de personnes qui me fixent du regard. Alors que je les salue, tour à tour elles me donnent une lettre. Ce sont des huissiers de justice ! Chacun me remet une assignation à comparaître. Enfin chez moi j'ouvre le courrier. Il me faudrait plusieurs vies pour purger les peines extravagantes et payer les sommes qui me sont réclamées. Les motifs sont variés : diffamation, trouble à l'ordre public, incitation à la haine, apologie du terrorisme, sexisme, création de groupuscule totalitaire. Ce serait mentir de dire que je ne m'y attendais pas. Ces derniers temps je me suis attiré beaucoup d'ennemis. La justice met du temps pour entrer en action, mais dès qu'elle vous a dans son viseur, elle vous saisit avec ses crocs, et si vous n'avez pas d'amis influents, il ne vous reste plus qu'à prier. Maintenant il va me falloir le plus courageux et le plus compétent des avocats. Peut-être ce jeune et intègre franco-espagnol qui a largement prouvé sa bravoure.

L'après-midi... Face à la mer... Je discute avec un ami...

- C'est fou ce qui se passe, tu vas vraiment te présenter aux législatives ?

- J'ai déjà déposé ma candidature !

- Je n'ose même pas imaginer, mais si jamais tu es élu, t'as pensé à ta première action ? Que pourras tu changer avec seulement un siège à l'assemblée ?

- Un seul siège et une partie du peuple derrière moi ! Sans cesse je ferai de l'ombre aux parlementaires en démontrant leur bassesse et en démasquant leurs abus ! Je commencerai par proposer un amendement pour réduire les salaires et privilèges des députés à l'assemblée nationale, des membres du gouvernement et du conseil constitutionnel.

- Tu penses que ça servira à quelque chose ?

- Oui car j'ouvrirai une porte close, celle du véritable changement. La France regorge de richesses et de personnes extrêmement fortunées. Le système les protège tout en affaiblissant les conditions de vie du peuple. Cela ne pourra pas continuer éternellement ainsi ! A trop tirer sur la corde elle finit par rompre. Pour l'instant les gens sont maintenus en apnée.

Combien de temps une mère célibataire ou un chef d'entreprise peuvent-ils consacrer à la politique ? Ils sont noyés dans leur quotidien ! Pourtant, c'est bien la politique qui régit leur façon de vivre. Les élus nous ont trahis en pensant d'abord à leurs intérêts personnels, tout en feignant de se soucier de l'ensemble des Français. Ainsi, ces "hauts placés" ne s'inquiètent pas et nous manipulent sans difficulté.

Mais très bientôt nous subirons les choix de nos gouvernements, en politique extérieure et intérieure, dans des proportions que nos générations n'ont jamais connues, le peuple aura été tellement abusé qu'il n'aura d'autre choix que de s'opposer !

- Quand cela se produira-t-il ?

- On ne peut le prédire, mais il y a trois éléments principaux qui marqueront le début d'un changement, et seulement deux activés en même temps suffiront.

Premièrement un homme providentiel qui viendra leur rendre de l'espoir, la mobilisation des 14 millions d'abstentionnistes, et enfin la classe moyenne unifiée. Le cercle vertueux du changement sera enfin en place

- Mais tu n'as pas peur qu'une telle conduite t'attire les foudres dès le début de ton mandat ?

-Les foudres de qui ? Des 577 privilégiés ? Sur ce coup-là, je ne pense pas que le peuple les soutiendra.

- Pas faux... mais ton programme, il a l'air complètement lunaire, il est réalisable ? Sur les plateaux télévisés, des experts contestent une à une tes idées, ils expliquent que ce serait de la folie ! L'économie je n'y comprends rien par exemple... baisser la CSG, c'est possible ? Ça a un intérêt ?

- Ben à la base c'était censé être une taxe temporaire, pas si temporaire que ça apparemment... à vrai dire je ne sais pas si cela peut marcher. Ce que je sais, c'est qu'on avait le « Mozart » de la finance aux commandes et merci le résultat ! Alors j'essaie de proposer quelque chose de différent. Je mets sur la table les sujets qui me semblent relever d'un non-sens et qui ne sont jamais abordés. Si c'est réalisable ? C'est à des experts animés par l'amélioration de la condition de vie des français, de nous le dire. Pas à ces corrompus qui inondent nos écrans ! Nous avons des talents en France, il faut maintenant qu'ils soient utilisés à bon escient.

- Mais pourquoi tu prends tous ces risques ? Tu avais tout, et tu étais quelqu'un de réservé. Tu n'as pas peur que tout ça finisse mal pour toi ?

- Je sais, j'y pense souvent figure toi. Mais je ne sais pas comment l'expliquer, c'est plus fort que moi. Oui, tout allait bien pour moi, mais la détresse des gens autour de moi, cette inaction constante, cette société en perte de valeur, ces mensonges incessants, je n'arrivais plus à les supporter. Je n'arrive plus à supporter que ceux qui se comportent mal en société prennent l'ascendant sur les honnêtes gens. Je n'arrive plus à supporter que leur maladresse, leur incompétence, créent des souffrances, de la tristesse, des drames. Puis il y a eu cette vidéo, et tout s'est enchainé à une vitesse démesurée.

- Tu as perdu le contrôle ?

- Le contrôle non, je suis resté fidèle à mes valeurs, la vie a fait le reste. Je fais confiance à la vie et je continuerai. Je ne sais pas où je serai dans quelques années, mais je serai là ou est ma place. Puis, ma personne ne compte pas vraiment. Au final, ce qui est important c'est l'idée.

- Et quelle idée tu veux qu'on retienne ?

- Il faut protéger le futur des nouvelles générations. Les enfants sont purs et ils représentent l'avenir du monde. Avec la jeunesse rien n'est figé tout est possible. Il faut la protéger !

15 juin, avant dernier jour pour le dépôt de candidature, je suis convoqué au service en charge des élections.

- Bonjour, vous allez bien ?

- Bonjour, oui merci et vous ?

- Bien merci, nous avons le regret de vous annoncer que votre candidature aux législatives a été refusée.

- Pardon ? pourquoi ?

- Vous avez été déclaré inéligible par le Conseil constitutionnel en application des articles LO 136-1 , LO 136-3 et LO 136-4

- Quoi ? Mais qu'est-ce que cela veut dire ? Qu'est ce qu'on - Attendez je n'ai pas fini, vous avez été déclaré inéligible également par le juge administratif en application des articles L. 118-3 et L. 118-4 . Ensuite...

- Ne vous embêtez pas plus, je crois que j'ai compris.

- Très bien, de toutes façons vous allez recevoir tout ça à votre domicile par courrier recommandé avec accusé de réception, vous aurez le temps d'étudier la décision.

Je ne suis pas surpris ! C'était une de leur dernière carte pour me réduire au silence. Aussitôt quelques chaînes télévisées bien renseignées me proposent de venir le soir même commenter mon échec. Je reste sourd à leur demande. Ce n'est pas que les plateaux télévisés me manqueront, mais qu'attendent-ils ?

Mon silence est incompris. Loin d'être stérile, pour celui qui le reçoit, il est source de réflexion, de stress, de doute. Voilà ma réponse à leur manigance. Le mutisme.

Le 16 juin à 18 heures, fin de l'annonce des candidatures, le peuple est informé de mon absence.

Un peu partout dans les villes de France des petits groupes se forment devant les façades des mairies et des préfectures. Rapidement chassé par les forces de l'ordre, le mouvement se dissipe. Alors les habitants rentrent chez eux et placent des bougies à leurs fenêtres, balcons, terrasses, devant leurs enseignes.

Le mouvement prend de l'ampleur et au fur et à mesure la France s'embrase, à petit feu. Le moment est solennel.

Les médias ne peuvent passer sous silence ce rassemblement extraordinaire et impromptu. Les images tournent en boucle partout sur les chaines télévisées, sur les réseaux sociaux, sans que personne n'arrive à mettre de mots sur ce qui est en train de se produire. Tout le monde comprend qu'il se passe quelque chose, mais personne ne sait à quoi s'attendre.

Depuis mon appartement, j'observe cette ruée populaire sur les réseaux. Partout, sur les bâtiments en face, des bougies semblent danser dans le petit vent qui s'est invité. Je me tiens la tête entre les mains. A cet

instant je comprends qu'il n'y a plus de
retour en arrière possible.

Le lendemain matin...

Il est 6 heures, je pars travailler. Dans la nuit une tempête du Sahara a sali ma voiture. Je prends donc le temps de nettoyer le parebrise, ce qui m'oblige à faire un aller-retour à l'appartement pour récupérer le nécessaire de nettoyage. Celui-ci terminé, je démarre la voiture pour partir.

Ta-ta-ta-ta-ta !

Je me fige derrière mon volant surpris par cette déferlante sonore inattendue. Je me décide à partir, habité par l'idée qu'il y a des choses dans la vie qui resteront de l'ordre du mystère.

Et pourtant à peine 20 secondes après cette réflexion, j'aperçois une voiture qui fume bloquant l'entrée de ma résidence. Les vitres ont explosé, la porte côté conducteur est ouverte, un homme gît sur le sol dans une mare de sang.

Sidéré, je ne contrôle plus ni mes mouvements ni mes pensées. Je cours en direction de la voiture avec mon téléphone à la main. Soudain des sirènes retentissent et des voitures banalisées, gyrophare allumé, se ruent sur moi.

Des policiers descendent, me maîtrisent, m'embarquent et foncent en direction du centre-ville.

Je me retrouve dans une pièce, assis sur une chaise, non menotté, entouré par différents corps de la sécurité, qui hurlent. La police nationale, la gendarmerie, l'armée, la BAC, et des individus en costume noir, apparemment peu commodes et que je n'arrive pas à identifier, sont présents. Les débats se concentrent sur mon sort. Après cinq minutes de vacarme, je finis par me lever et demande à voix haut ce qu'il se passe.

Un gendarme se rue vers moi, me plaque contre le mur et hurle :

- tu ne comprends pas que c'est toi qui étais visé ? Mêmes horaires, même voiture, tu as de la chance d'être en vie ! Tu es surveillé depuis des mois et apparemment nous n'étions pas les seuls à le faire.

A cette phrase, il s'arrête et dévisage les autres protagonistes dans la pièce.

- Si j'étais surveillé depuis des mois, comment se fait-il qu'il y ait eu un mort... ?

L'étreinte du gendarme se desserre.

- Justement c'est bien ce que nous essayons de comprendre, tu vas venir avec nous, tu seras en sécurité.

Après quatre jours pendant lesquels je suis resté cloitré à la caserne, un haut responsable de la gendarmerie vient s'entretenir avec moi.

- Je n'ai jamais eu affaire à une situation comme celle-ci je l'avoue et je vais être franc avec vous, je ne sais pas trop quoi - Pardon ?

- Même mes supérieurs se déchirent à votre sujet et les pressions viennent de toutes parts.

- C'est-à-dire ?

- Vous savez, je suis policier et militaire, s'il y a bien quelque chose que je sais faire c'est exécuter les ordres. Pourtant ce matin j'ai refusé de vous transférer quand on me l'a demandé.

- Je ne sais pas si c'est une bonne nouvelle pour moi, mais je ne veux pas que vous risquiez votre carrière, je me débrouillerai.

- Oh ! Si vous voulez entrer en politique, ne soyez pas naïf s'il vous plait !

- Je ne suis ni naïf, ni faible, si je vous dis que je peux me débrouiller c'est le cas, je ne suis pas en état d'arrestation ? Je peux partir quand je veux ? c'est bien ça ?

- bien entendu mais dehors c'est risqué pour vous

- J'en fais mon affaire. Dites-moi ce que vous savez. Ça me sera utile.

- On ne sait toujours pas qui a commandité l'assassinat. L'erreur sur la cible nous laisse perplexe. Vous vous êtes créé beaucoup d'ennemis très puissants. Ça monte trop haut, nous ne sommes pas sûrs de pouvoir vous protéger une fois dehors. Vous avez aussi des sympathisants très puissants qui m'ont autorisé à ne pas vous transférer ce matin. Mais vous comprenez bien que cette situation est extrêmement préoccupante.

- Je dois me retirer quelques temps ! Protégez ma famille, je vous en supplie ! Ne doutez pas de moi ! Les élections arrivent bientôt et ensuite je pourrai prendre des décisions.

- Nous le ferons.

C'est le matin de bonne heure, je remonte mes lignes de pêche laissées toute la nuit. Seulement un petit sar, il fera l'affaire pour le repas de midi. Ne plus regarder sa montre est un véritable luxe. Mais la vie de robinson n'est pas une partie de plaisir. Un abcès à la jambe me fait souffrir depuis quatre jours. Pas de médicaments pour me soigner et aucune connaissance sur les plantes qui pourraient éventuellement me soulager. C'est le prix à payer pour disparaître le temps que les choses se calment autour de moi. Le seul luxe que je me suis octroyé est d'avoir une petite radio solaire portable que j'allume au coucher de soleil pour écouter les actualités. Les sondages sont utilisés plus que jamais et sans surprise il oppose le parti actuel et l'opposition extrémiste.

On y est, le grand soir est arrivé, c'est le résultat des élections législatives. Je m'installe dans le sable adossé à mon sac. Je me rapproche de la radio et j'écoute attentivement.

« 1-2-3-4-5, il est 20 heures maintenant, l'assemblée est donc divisée en quatre blocs, aucune majorité absolue ne se dégage. C'est la plus grande surprise électorale de notre histoire. L'opposition obtient 143 sièges, bien en deçà des estimations par sondage de l'entre-deux tour. C'est la première fois dans l'histoire de la cinquième république qu'un second tour donne un gagnant radicalement différent du premier tour ».

Heureusement ce gagnant n'a pas vraiment pris l'ascendant, car il constitue une menace directe pour le pays. Dans son programme il ne prend pas en compte la loi du marché, tout en promouvant une extension des aides économiques, et il assume clairement pour y parvenir de creuser le déficit. Dans un état au bord de la faillite et qui ne tient qu'à la confiance des marchés et au soutien de la banque centrale pour ne pas s'écrouler, y a-t-il besoin de développer davantage sur les conséquences que cela induirait ?
Si les autres partis ne me plaisent pas et me révoltent de par leur bassesse et leurs intérêts personnels, celui-là me terrifie. Le peuple ne le comprend pas, car rares sont ceux qui s'intéressent à l'économie globale ! Les médias se focalisent sur l'immigration ou sur notre positionnement dans des conflits extérieurs bien choisis, pourtant c'est l'économie qui dicte notre condition de vie au sein de la société !

Principale raison de ce résultat, le succès du barrage contre l'opposition. Pour une fois nos politiques vont devoir négocier entre eux malgré leurs divergences s'ils ne veulent pas bloquer le pays. Peut-être une coalition et le début d'une démocratie, d'une avancée pour le peuple ? Je ris seul. L'égo et l'intérêt personnel des 577 devraient suffire à aboutir à une impasse ! Sans compter que le grand Manitou est plein de surprises. Il se débrouillera pour garder le contrôle.

Les médias sont affolés. Personne ne comprend ce qu'il se passe et les débats vont dans tous les sens. L'incompréhension, la crainte sont totales. Personne ne l'avait prédit ; les sondages n'allaient pas dans ce sens. Mais la réalité est là. Les Français n'ont pas tranché ! A ce moment-là, je sais que le peuple voulait que je sois de la partie car 14 millions de personnes n'ont pas voté malgré un nombre de procurations record. Je ne souris pas. Qu'ai-je gagné ? Rien, à part le devoir de continuer à travailler pour la France. Seul sur une plage que puis-je faire ? Demain je retournerai dans la société et les choses sérieuses commenceront.

Le lendemain matin après une courte nuit, je me réveille avec le soleil.

Avant de réapparaître il me reste une dernière chose à faire sur cette plage qui m'a accueilli pendant dix jours. Je décide de fabriquer un fauteuil symbolique digne de ma future mission. Je commence à rassembler des bouts de bois et feuilles pennées, de vieux tissus échoués sur la plage. Je ficelle les bouts de bois ensemble grâce à des tiges. Après plusieurs heures passées à mon ouvrage, le résultat n'est pas trop mal. Je le trouve même magnifique et mon esprit l'imagine déjà avec des matériaux nobles. Je le vois solide, confortable à l'assise, de couleur Hambourg et doré. En attendant je vais me contenter de mon œuvre d'art. Assis sur mon siège, j'imagine déjà toutes les polémiques qu'il pourrait susciter.

Puis, je joins l'action à la rêverie. Je me lève. Je fixe le lointain et balaye du regard mon petit campement. Je prends une grande inspiration et m'apprête à troubler, avec une assurance certaine, les pierres, les feuilles, les grains de sable, d'ordinaire si paisibles.

« Voilà près de 238 années que la bourgeoisie d'affaires, via le peuple, a confisqué le pouvoir au clergé et à la noblesse. Pour autant, le tiers état, dans sa constituante majeure, pour ne pas dire dans sa globalité, n'est et ne sera pas au pouvoir tant que son destin dépendra des hommes et non d'un système qui le domine. Un système forgé par lui et pour lui. Un système révisable, adaptable, où la masse instruite et consciente, pourra le remodeler à sa guise. A cette seule condition les principes d'équité, de fraternité et de liberté pourront être approchés au plus près. Toutefois il restera fragile face aux ingérences extérieures, mais il est certain qu'en son sein, il n'aura plus d'ennemis à craindre. Par ailleurs, qui parmi vous pourrait me dire, où est, de nos jours, la séparation des trois pouvoirs ?»

Soudain une branche craque.
Elle vient interrompre mon discours.
Je regarde dans sa direction.
Un homme en costume noir me fixe.
Je comprends.